Saggi Tascabili Laterza
246

Prima edizione 2001

Dello stesso autore
nelle nostre edizioni:

Capire le parole
«Economica Laterza»

Idee per il governo.
La scuola
«Saggi Tascabili Laterza»

Introduzione alla semantica
«Biblioteca Universale Laterza»

Linguistica elementare
«Universale Laterza»

Minisemantica
dei linguaggi non verbali
e delle lingue
«Saggi Tascabili Laterza»

Storia linguistica
dell'Italia unita
«Manuali Laterza»

(con F. De Renzo)
Guida alla scelta
della scuola superiore
«Economica Laterza»

Tullio De Mauro

MINIMA SCHOLARIA

Editori Laterza

Finito di stampare
nel gennaio 2001
Poligrafico Dehoniano -
Stabilimento di Bari
per conto della
Gius. Laterza & Figli Spa
CL 20-6206-2
ISBN 88-420-6206-5

Premessa

Nella primavera 2000 l'editore mi aveva proposto di raccogliere le note che, a partire dal gennaio 1997, avevo pubblicato di mese in mese nell'ultima pagina di «Insegnare», la rivista del Cidi, col titolo d'insieme che figura ora come titolo del volume. L'incarico (e carico) del ministero dell'Istruzione mi ha per parecchi mesi impedito di badare ad altro che non inerisse alla somma di problemi che si annodavano nelle stanze del ministero. Ho dovuto sospendere la rubrica mensile e anche l'idea editoriale ha languito. Solo dopo vario tempo ho potuto riprendere il progetto.

Dunque ripubblico qui quelle note, pressoché invariate, senza loro togliere nulla del legame con l'occasionalità e la cronaca, a prova della possibilità di collegare questioni minime, di dettaglio o di particolare angolazione, al disegno maggiore di scuola democratica cui in tanti, da anni e per anni, abbiamo atteso nelle scuole, nei comuni, nelle riviste e nelle elaborazioni educative.

Alle note di «Insegnare» ho aggiunto alcuni scritti più ampi in cui si toccano taluni legami tra la scuola ordinaria e la «scuola grande come il mondo» cui un verso famoso di Gianni Rodari insegnò a guardare se ci si vuole occupare di scuola. Che richieste vengono ai sistemi scolastici e alla scuola italiana in particolare dalle società contemporanee, con le loro contraddizioni e le loro culture? Gli scritti più ampi, che dicevo, sbozzano alcune risposte, alcune possibili risposte sempre ancorate alla prospettiva disegnata dall'art. 3, comma 2 della nostra Costituzione «presbite»: la prospettiva di una scuola che sappia accogliere le nostre differenze per farne una comune ricchezza e che ci renda, tutte e tutti, meglio capaci di essere di volta in volta «governanti e governati», egualmente partecipi della vita della società in cui viviamo.

Nel maturare questa prospettiva dobbiamo tutti moltissimo, io credo, e certamente devo io a quanto in un quarto di secolo si è costruito nel Cidi. E perciò dedico queste pagine a Luciana Pecchioli, con affetto antico che nuove esperienze hanno solo, se possibile, accresciuto.

Tullio De Mauro

Roma, dicembre 2000

MINIMA SCHOLARIA

1.
UNA SCELTA DIRIMENTE

Fin dai primi anni Ottanta diversi studiosi, in diverse parti del mondo (ricorderò tra gli altri il nordamericano John Naisbitt, l'italiano Aldo Visalberghi, il sardo Michelangelo Pira, il danese Pelle Ehn), riprendendo una linea di analisi che era stata di Abraham Moles e Alvin Toffler, ci hanno chiamato a riflettere sul radicale distacco che si stava profilando tra le società contemporanee e le anteriori società e culture. Schematizzando e rielaborando i pensieri loro e altrui possiamo fissare tre fasi.

1) Nelle società contadine gli esseri umani erano a diretto contatto con elementi naturali, donde traevano sostentamento e ricchezza secondo tecniche acquisite dall'esperienza precedente, il cui peso era determinante nel presente; a questa lunga fase corrisponde ancora, come in fasi ancora più primitive, un training educativo affidato, per la generalità degli esseri umani, alla «bottega familiare», e per pochi un training all'assimilazione di quelle tecniche di lettura, scrittura e computo necessarie ad assicurare alle società l'accesso alla sedimentazione documentata di esperienze passate.

2) Nelle società in via di industrializzazione e/o industrializzate la natura ha teso in misura crescente a ridursi a fonte di materie prime da estrarre ed elaborare con l'ausilio di macchine di complessità crescente, che si sono interposte tra natura e umani creando intorno a loro una natura artificiale in via di permanente, rapido rinnovamento: le esperienze del passato hanno perduto il ruolo determinante che ave-

vano nelle società a base agricola, l'attenzione al presente innovativo è andata diventando sempre più importante, la singola «bottega familiare» si è trovata di più in più in difficoltà a garantire un training adeguato alle esigenze della società e di conseguenza hanno dovuto svilupparsi istituzioni scolastiche collettive capaci di fornire a tutti, almeno tendenzialmente, livelli adeguati a inserirsi nei processi produttivi offrendo anche, almeno ad alcuni, livelli adeguati a controllare e rinnovare tali processi.

3) Lo sviluppo stesso delle società industriali negli ultimi decenni ha creato basi produttive e sociali di tipo radicalmente nuovo. Stati, istituzioni scolastiche, gruppi intellettuali stentano a farsi consapevoli della radicalità del nuovo. Un segno di ciò è nella incertezza della stessa denominazione del nuovo tipo di società e cultura; si parla, di volta in volta, di società *postindustriale*, società *dell'informazione* o *della comunicazione*, società *dell'interdipendenza*, *della compresenza*, *della molteplicità*, *della complessità*, *dell'intrico* (attenzione: *intrico*, non o non necessariamente *intrigo*). La conoscenza delle esperienze del passato e la conoscenza e il controllo delle tecniche produttive in atto non bastano più da sole a garantire la sopravvivenza di una certa società se non si accompagnano alla capacità diffusa, e non solo di pochi eletti, di conoscere, capire, *prevedere* quali innovazioni potrebbero prodursi o stanno per prodursi sia all'interno sia in luoghi geopoliticamente lontani da quello della società, del popolo in questione.

Se le società agricole potevano e dovevano guardare al (loro) *passato*, se le società industriali hanno potuto e dovuto guardare al *presente* loro e delle società contermini, le nuove società devono imparare a guardare, dentro e oltre i labirinti della complessità, per estrarre dalle tendenze in atto un'adeguata previsione di scenari del *futuro* in ogni parte del globo.

Al netto di catastrofi o di rivolte luddistiche generalizzate che ci riconducano tutti allo stato di natura (o più indietro...), queste società possono amministrare la loro sopravvivenza solo con qualche forma di coordinamento stretto. Che può essere quello prefigurato da Aldous Huxley in *Brave*

New World o da Georges Orwell nella *Factory* e in *1984*, fondato cioè sull'affidamento delle capacità di piena conoscenza e pieno controllo a un gruppo ristretto, gli Alfa Plus o il «qualcuno più eguale degli altri» o il Grande Fratello, con un immenso volgo di subalterni organizzati planetariamente; oppure un governo di cittadini sovrani, dotati tutti di pari capacità di acquisizione, controllo ed elaborazione delle conoscenze e delle scelte possibili.

A questo discrimine siamo noi, è la scuola come istituzione plurisecolare.

gennaio 1997

2.
LA MANO BANAUSICA

Nei documenti preparati dal ministro dell'Istruzione Berlinguer per avviare la discussione sul riassetto del sistema scolastico le cose interessanti sono molte, ovviamente. Una spicca a mio avviso sulle altre: è il ripetuto richiamo, fatto a proposito sia della scuola di base sia del quinquennio superiore, alla «manualità» e alla «operatività». Richiami in positivo, richiami a queste capacità come ad attività centrali e obiettivi prioritari che è compito della scuola sviluppare e garantire. E l'intento dichiarato è che ciò valga *per tutti* e, si badi, *a ogni livello*, dalle materne alle superiori, e *in ogni canale superiore*, gli attuali centoventicinque (o più) o i diciassette di Brocca o i dieci, dai professionali al classico, che il ministro pare voglia tenere e mantenere distinti.

Nella storia della nostra scuola, non sono molti i documenti emananti dal centro del sistema, dai ministri, in cui il richiamo sia apparso così netto e ripetuto. E c'è da sperare che, se il governo reggerà e il Parlamento discuterà e approverà la legge annunciata da Berlinguer, a ciò diano seguito i programmi e che subito dopo a noi tutti che insegniamo, dalle materne all'università, impariamo a mandare ad effetto (se già non lo facciamo) queste indicazioni.

Manualità e operatività non sono esattamente la stessa cosa. Sono tuttavia parenti strette che, nelle e per le tradizioni di parti importanti del nostro ceto colto o più istruito, sono ancora più appaiate e gemellate.

I lettori di Croce (ce ne saranno ancora) ricordano un aggettivo che egli usava: *banausico*. Qua e là Croce pietosamente ne spiega il senso, contrapponendo l'aggettivo all'Arte, alla spiritualità, per indicare ciò che è invece proprio, diceva, «delle arti banausiche, dell'abilità tecnica». Spiegano i nostri dizionari: «puramente meccanico, grettamente utilitario». E suppongono una fonte tedesca dell'aggettivo.

In realtà, si tratta di un antico grecismo, *bánausos* o *banausikós*, di etimologia ignota, che serviva agli autori greci per designare artigiani e artigianalità e, già allora, ciò che appariva volgare, meschino di fronte alle superiori e spirituali e disinteressate cogitazioni dei dotti. Croce potrà avere appreso il vocabolo anche leggendo Platone e Aristotele e però, senza dubbio, anche leggendo scrittori tedeschi. In effetti, tra le grandi lingue europee, rispetto al francese e spagnolo che ignorano ogni continuazione del grecismo, e all'inglese, che ne fa dall'Ottocento un raro uso, il tedesco è la lingua che non solo lo accoglie e usa comunemente, ma lo ha fatto proprio e assimilato in una famiglia di comuni vocaboli, tra cui *Banause* «persona senza intelligenza» e *Banausentum* «mancanza di intelligenza».

Non si traggano però conclusioni affrettate da questo assai sommario quadro di usi linguistici. Forse nemmeno l'intero pensiero di Croce si può inchiodare alla nota di spregio con cui egli parla del banausico. Certo la tentazione può essere forte per legare il rifiuto del grecismo in francese alla grande tradizione dell'*Encyclopédie*, cioè a un atteggiamento intellettuale che legava profondamente la capacità di elaborazione teorica e scientifica e la capacità di elaborazione tecnica, la capacità di costruzione dei saperi più astratti e il saper fare manuale e operativo. Ma i conti non tornano del tutto. È proprio nella tradizione tedesca che con Hegel e, poi, con l'hegeliano Marx troviamo le più esplicite teorizzazioni della dirompente e creativa funzione intellettuale che *mano* e *lavoro banausico* hanno avuto e hanno nella storia delle culture umane. Né si tratta solo di filosofemi. In Germania le scuole tecniche e le scuole tecniche popolari superiori sono una struttura di alta efficienza e formatività tecnica e intellettuale, uno dei pilastri dell'intero sistema formativo.

Non così nella tradizione italiana: dove il banausico, il tecnico, l'operativo, il *far qualcosa* rispetto al *saper parlare di qualcosa* sono stati riguardati con sussiego e più o meno celato disprezzo. È un disprezzo che si è proiettato nella canalizzazione mediosuperiore e nella bassa estimazione assegnata alle scuole tecniche e professionali, che non solo sono le scuole della stragrande maggioranza dei giovani (chi riuscirà mai a spiegarlo ai giornalisti?), ma sono anche quelle che ospitano i rari centri di eccellenza del nostro sistema formativo mediosuperiore.

Adesso un ministro di questa Repubblica pare voglia invertire la rotta. *Tarde non furono mai grazie divine*. Speriamo. Forse finalmente toglieremo dall'ombra del nostro pantheon nazionale le immagini di Galilei e di Vico. In una nuova luce, forse di quest'ultimo non solo ricorderemo, ma capiremo il *verum ipsum factum*. E dell'altro, che questo pensiero aveva condiviso, ricorderemo il suo andare all'Arsenale per trovarvi, tra vili meccanici e ingegneri, le verifiche e sollecitazioni della nuova scienza che andava edificando.

febbraio 1997

3.
ALLA FINE FU LA PAROLA

In un convegno nazionale del Cidi ormai remoto (il XIX) mi è già capitato di citare una vecchia espressione napoletana: «*'e pparole 'e ssape, ma nun 'e ssape accucchià*». Volta in italiano essa significa più o meno, «le parole le sa, ma non le sa utilizzare appropriatamente», e, come spiega un vecchio dizionario, «dicesi di chi, atto a trattar parlando d'una materia, si rivela inetto a dar pari saggio di sé nelle pratiche esperienze a tal materia relative».

Già altri hanno osservato che i nostri sistemi scolastici, non solo il nostro italiano, concentrano il più e il meglio dei loro sforzi sull'insegnare *'e pparole* e lasciano in ombra l'insegnare o meglio il fare esperire quanto è necessario ad *accucchiarle*. Ciò è profondamente sbagliato ed è probabilmente uno dei motivi maggiori di disaffezione alla scuola.

In tanti anni, se posso permettermi un autoriferimento, nel lavoro di ricerca teorica sul linguaggio e di osservazione dell'attività didattica, mi pare quasi di non aver fatto e non fare altro che accumulare argomenti e conoscenze per convalidare le idee di Piaget e Freinet, di Rodari e don Lorenzo Milani sulla centralità dell'educazione linguistica stante la indispensabilità individuale e sociale della parola. *'E pparole* sono un valore centrale. E però mi pare di vedere sempre più chiaramente che sta dentro *'e pparole* il loro essere *accucchiabili*, al servizio di una esperienza e pratica umana complessiva, cognitiva, operativa, affettiva, senza di che la parola è un vacuo *blabla*, il contrario di ciò che può e deve essere e per cui è nata.

Gianni Rodari sorprendeva, divertiva e trascinava i bambini, che si sentivano incapaci di raccontare una storia, dicendogli più o meno: «Racconta quello che ti ricordi con la punta del naso! Ma il tuo mignolo sinistro, non gli è mai capitato niente? Sì? Racconta». Era un modo per sollecitare memorie e invenzioni fondato su ragioni non banali: Rodari sapeva che le costruzioni astratte e aeree e generalizzanti dei nostri linguaggi si radicano per ciascuno e per l'intera comunità in esperienze concrete, corporee, particolari e perfino private e vivono o, meglio, con-vivono con esse. Partendo da un'altra sponda Ludwig Wittgenstein arrivava allo stesso punto di vista quando diceva: «È con la tua lingua, è con la parola *dolore*, che hai imparato che cosa è il dolore» (*Ricerche filosofiche*, § 384).

Molte volte la nostra scuola pare dimenticare tutto ciò. Dimentica che la pianta verbale non fruttifica se non se ne alimentano le radici non verbali – che è parte di un congegno più complesso fuori del quale macina a vuoto.

Un grande biologo, Ernst Mayr, al termine di una sua opera capitale, *The Growth of Biological Thought: Diversity, Evolution, and Inheritance* (1980), ha scritto:

Sorprendente è la straordinaria somiglianza tra l'uomo e le grandi scimmie africane per le caratteristiche molecolari e la struttura cromosomica. [...] Non ci sono più dubbi sulla questione cruciale che la linea ominide sia una diramazione della linea che porta alle scimmie africane. Molto più importante di incertezze cronologiche è la nostra crescente comprensione delle tappe che condussero dalla condizione antropoide a quella umana. La prima tappa, e forse quella decisiva, fu chiaramente *la posizione eretta* che i nostri antenati assunsero quando scesero dagli alberi. Essa liberò gli arti superiori per *la funzione di manipolazione* che permetteva il trasporto di oggetti, l'uso e, infine, *la costruzione di strumenti* a un livello molto più elevato di quanto si ritrovi in qualsiasi scimmia... Caratterizzare l'uomo mediante criteri come quello della coscienza o del possesso della mente o dell'intelligenza non è di grande utilità, poiché ci sono prove valide che, riguardo a queste caratteristiche, l'uomo si differenzia dalla scimmia e da molti altri animali (persino dal cane!) soltanto quantitativamente. È *il linguaggio* più di qualsiasi altra cosa ciò che ha permesso la trasmissione di informazioni da una generazione all'altra e quindi lo sviluppo di una cultura non materiale. È *la parola* l'aspetto umano più caratteristico.

Le conclusioni del grande biologo solo a prima vista paiono convalidare una scuola che ai piccoli e men piccoli della specie umana insegni a dire parole e non a fare cose. Ma non è così. Il sillabo di una nuova scuola, l'elenco delle competenze minime irrinunciabili che essa deve garantire, non si limita alla parola. Questa, così come Mayr ce la presenta, è il culmine di un soggiacente connettersi di competenze inscritto nel nostro patrimonio genetico. Che cosa ci ha fatto e ci fa umani? Mayr dice: 1) *la stazione eretta*, che significa sapere disporre del nostro corpo, coltivarne l'attitudine ad attitudini diverse; 2) *la funzione di manipolazione*, la manualità del gioco e del lavoro, dell'interazione adattiva con gli ambienti; 3) *la costruzione degli oggetti*, la capacità di staccarsi dal corso naturale degli eventi ideando, progettando e realizzando cose nuove, non date in natura, non ancora trovate, utili al nostro vivere; e 4) infine, solo infine, come complemento di tutto ciò, *la parola.*

marzo 1997

4.
DI MENO, DI PIÙ

Leggere, scrivere e far di conto, le tre erre della tradizione scolastica anglosassone – *reading, writing, 'rhitmetics* – bastano ancora per le scuole d'oggi e di domani?

Credo che si debba rispondere (quasi) sì. Ma ben sapendo che perfino nella scuola di base e nei suoi cicli iniziali ci si è dati una risposta tendenzialmente negativa. E si sono aggiunti nuovi saperi. E nelle scuole superiori al sistema duale, caro al pensiero socialista e liberale di inizio secolo (*Gymnasium + Technische Volksschule*) in diversi Paesi, tra cui il nostro, si è andato sostituendo un sistema triale, quartinale, cinquinale... fino al sistema centoventicinquinale o duecentoquarantatriale vigente nella attuale scuola italiana non sperimentale, pre-Brocca. E in molti Paesi, tra cui il nostro, per ognuno dei due, tre, quattro... centoventicinque indirizzi si è dilatata l'offerta didattica, si è moltiplicato il numero delle materie: che in altri più felici Paesi è realmente un'offerta, entro cui lo studente sceglie accumulando una somma minima di crediti indispensabile per andare avanti, e che da noi è un'offerta impositiva, ed è notoriamente estesissima fino a includere la tecnologia di nobilitazione dei prodotti tessili.

Ma nemmeno questo da noi basta. Non solo si sono moltiplicati gli indirizzi specialistici e, all'interno di ciascuno, le materie di insegnamento. All'interno di ogni materia l'offerta impositiva si è dilatata assumendo dimensioni grottesche. La simpatica esposizione di testi, organizzata in occasione del recente convegno del Cidi a Palermo, esibiva tra l'altro una massiccia triplice geometria per i trienni, un quattro chili di nobilissime cose. E, come succede invecchiando, non ho potuto trattenermi dal riandare col pensiero ai due smilzi volumetti per i licei classici e scientifici di Bompiani e Longo, dove (a prezzo di micidiali e molto formativi: *È evidente che*) le stesse cose erano trattate in duecento pagine o poco più.

Di tutto, di più è diventata la divisa dei nostri testi scolastici. Per rincorrere l'ansia di dilatare l'offerta per ogni singola materia si sono dimenticati gli altri fattori formativi che dovrebbero presiedere alla redazione di un buon testo: a cominciare dalla chiarezza in rapporto all'età dei destinatari fino alla materiale digeribilità di migliaia di pagine, accanto alle altre migliaia di altri testi di altre materie, nel tempo della scuola. Ma ora esce presso La Nuova Italia di Firenze il volume *Il testo fa scuola*, con gli atti (filtrati e coordinati) del convegno sui libri di testo tenuto un anno fa, nella primavera del 1996 dal Giscel (Gruppo di intervento e studio nel campo dell'educazione linguistica), *longa manus* scolastica della Società di linguistica italiana. Non devo insistere dunque sui danni di questa dilatazione spesso grottesca (e rimedi grotteschi, successivi a Palermo, sono stati il ricorrere alla carta di riso, «così i testi pesano di meno» o lo spezzettare le migliaia di pagine in decine di volumetti di cento pagine). Ma la dilatazione c'è, e non accenna a finire. E anch'essa prova che alla domanda iniziale che ci facevamo, tutta o quasi la nostra cultura *reale* della scuola tende a rispondere moltiplicando a dismisura offerte e imposizioni. Non sfuggirono a questa sorte i programmi delle elementari e neppure i pur più asciutti e prosciuganti programmi Brocca.

Una risposta non più *in crescendo*, ma *in diminuendo* è destinata a scontrarsi con tutti e a fallire?

A due riprese il Cidi mi ha permesso di formulare una risposta *in diminuendo*. O quasi. Quasi, perché nelle condizioni di vita familiare, extrafamiliare e urbana di buona parte del mondo industriale e postindustriale, c'è una dimensione di maturazione della persona che ha fatto la nostra umanità, anche nelle sue capacità di più astratto raziocinio, e che oggi solo la scuola può garantire. Ed è la dimensione del fare e fare effettivamente qualcosa per imparare, usando le mani anzitutto e tutto il nostro corpo, testa compresa, ovviamente, o, se vi pare, «mente» (pessima traduzione data da psicologi e linguisti all'inglese *mind*, che è il francese *pensée*, l'italiano *spirito*, come dimostrò bene tanti anni fa Ferruccio Rossi-Landi). Usare mani, corpo e cervello per fare, realizzare, produrre oggetti e attività utili, in coordinazione – è inevitabile – con altri. Senza ciò non c'è sviluppo della mente. Non è una materia, questa, ovviamente. Non è l'ora di «lavoro» della Carta della scuola di Bottai (*chapeau*, tuttavia: il problema era stato avvistato). È una modalità che deve e può traversare tutte le materie e le ore di apprendimento.

E queste dovrebbero (a mio personale parere) coordinarsi allo sviluppo di due sole altre capacità: il controllo delle parole e il controllo delle misure.

Non ripetere a memoria il relativo manuale, ma saper davvero nobilitare un prodotto tessile: anche questo potrà tornare utile alla più asciutta, fattiva, etica *scuola del saper parlare, misurare e mandare a effetto*.

aprile 1997

5.
DON LORENZO SECONDO LUCIO

A trent'anni dalla *Lettera a una professoressa* e dalla morte di don Lorenzo Milani molti avranno occasione di tornare a riflettere sulla scuola di Barbiana, sulle vicende e l'opera del prete che vi bruciò l'ultima parte della sua breve vita. Sarà, anche, un'occasione di rinnovata riflessione su noi stessi e sul nostro Paese, almeno per quanti tra noi a Barbiana sono continuamente ritornati in tutti questi anni ogni volta che si siano occupati di linguaggio e di educazione linguistica. E della scuola come parte della Repubblica. La quale, secondo Costituzione, fa molte cose: «si fonda», «riconosce», «garantisce», «richiede», «tutela», «attua», «adegua i principi», possiede una bandiera e, col nome di *Italia*, «è» e «ripudia la guerra». Tutti atti fondamentali e obbligati. Ma, notiamo, tra tutte queste cose che deve fare secondo Costituzione una sola è chiamata «compito» (nell'articolo 3, comma secondo): «È compito della Repubblica rimuovere gli ostacoli di ordine economico e sociale che, limitando di fatto la libertà e l'eguaglianza dei cittadini, impediscono il pieno sviluppo della persona umana e la effettiva partecipazione di tutti i lavoratori all'organizzazione politica, economica e sociale del Paese».

Chi dentro e fuori del Cidi e dentro e fuori i gruppi che si occupano di educazione linguistica cerca di non dimenticare mai che la scuola è e deve sapere essere un pezzo di *questa* Repubblica, qualificata da questo *unico* compito, a don Lorenzo Milani probabilmente non ha mai smesso di pensare di là d'ogni citazione esplicita. E quando un paio di anni fa studiosi e insegnanti del Giscel sono tornati a occuparsi specificamente di svantaggio linguistico (diagnosi, modalità, recupero, ecc.), è stato per loro spontaneo ritrovarsi tutti nel titolo donmilanesco *È la lingua che ci fa eguali*, con cui poi sono apparsi gli atti del convegno.

Ma non è detto che anche dai meno coinvolti dalla memoria di don Lorenzo non possano venire indicazioni importanti per approfondire la comprensione della sua esperienza e del suo insegnamento. E, dicendo questo, non so non riandare col ricordo a un altro non dimenticabile maestro e compagno di pensieri ed esperienze come Lucio Lombardo Radice.

Lucio (se posso chiamarlo così) non amava don Lorenzo. Penso che non gli piacessero aspetti e atteggiamenti che avvertiva come unilateralità. Lui, attento sempre a cogliere elementi di interesse in chiunque avvicinasse, non era sintonico con certe chiusure programmatiche del Priore.

Veniva dunque e viene da una fonte non sospetta di soverchio simpatizzare il riconoscimento di quelli che Lucio additava come sicuri «meriti» (era la parola che adoperava) di don Lorenzo. Non indugiava su quelli che gli parevano più ovvi e indiscutibili, come la rigorosa conformità di fede, parole e atti o l'avere trascinato tutti a riflettere sulle condizioni reali della scuola, e si fermava, nel suo pacato conversare e ragionare, su tre meriti soprattutto.

Il primo era, a suo avviso, che, in una cultura di falsi individualisti, cioè, in realtà, di accomodanti conformisti, don Milani era stato e aveva voluto e saputo essere un «trasgressore», come Pasolini, aggiungeva. E di trasgressori, aggiungeva, di trasgressori e non di conformisti o conformisti della contestazione di comodo, abbiamo bisogno.

Il secondo merito era «averci insegnato, anche a noi comunisti, il pericolo, l'insidia profonda del consumismo». Nel suo libro appena edito, anzi già riedito da Baldini e Castoldi (Milano 1996), *Don Milani! Chi era costui?*, Giorgio Pecorini ha tra l'altro steso una lista istruttiva e importante (mi pare) di voci consonanti lungo il nostro difficile secolo con quella di Milani, da Gandhi a Saul Bellow e Primo Levi (pp. 93-

134). A rileggere la lista a me pare che il massimo di consonanze si realizzi proprio sul tema dell'anticonsumismo.

Il terzo merito, secondo Lucio Lombardo Radice, era, detto da lui, il più sorprendente: «ci ha insegnato a leggere Gramsci, a capire Gramsci come prima mai avevamo fatto». Non ho trovato sviluppato, negli scritti di Lucio, questo terzo merito (ma forse per ora ho mal cercato). Né, conversando, volle dirmi di più.

Quasi nello stesso torno di tempi la nostra cultura, che ormai par vivere largamente quasi solo di calendari e ricorrenze celebrative, tornerà a don Milani, per i trent'anni dalla morte, e a Gramsci, per i sessanta. La coincidenza cronologica ci aiuterà a capire?

Sappiamo che le *Lettere dal carcere* furono una lettura ricorrente dei barbianesi. Ma come e dove è mutata la altrui, la comune lettura di Gramsci? Sospetto che Lucio pensasse a una qualche sottovalutazione, nella gramsciologia ufficiale, della tensione gramsciana verso i problemi (il «nesso di problemi») dell'obiettivo politico e culturale della parità nella e per la parola. Diciamolo in più diretto italiano: molti gramsciologi leggevano Gramsci, invece, identificandosi e identificandolo nella parte di consigliere del principe.

Pecorini accenna a rapporti tra Gramsci e Milani nel suo libro (pp. 135-36) e chissà che, correndo tra una celebrazione e l'altra (magari per schivarle), non capiti a qualcuno di dar sviluppo a quest'accenno e all'idea di Lucio Lombardo Radice.

maggio 1997

6.
IN CAMMINO VERSO GRAMSCI

Il 28 aprile con Laura Betti, che ha letto assai bene alcuni testi scelti da lei, se possibile, ancora meglio, ho avuto il compito di presentare a una platea di ragazze e ragazzi degli ultimi anni delle superiori la figura di Antonio Gramsci. Parlavo e, se un quarantennale radar didattico non mi ingannava, mi pareva che, tranne alcune e alcuni, la maggioranza sentisse per la prima volta quel nome. E noi, voglio dire noi oggi anziani?

Non so se abuso troppo della pazienza di eventuali lettrici e lettori sfruttando ancora una volta la possibilità che appunto agli anziani si concede (o, almeno, si concedeva un tempo) di parlare delle cose parlando anche di sé e di proprie personali memorie.

Come incontravamo Gramsci negli anni Cinquanta? Per molti, di qualunque ceto ed età, l'incontro avveniva in qualche modo nelle sezioni del Partito comunista. Ma per chi di noi ne era lontano, anzi ostilmente lontano (e io ero tra questi), l'incontro o mancava del tutto o avveniva in modi che, specie nelle università, avevano un che di bizzarro. I piccoli gruppi di universitari ideologizzati e politicizzati, intorno a «Terza generazione», «Critica liberale», l'Unione Goliardica e, con altro respiro (come poi si sarebbe visto), «Nord e Sud» e «il Mulino», combattevano le loro sottili e appassionate polemiche a colpi di diadochie, di pedigrees storico-intellettuali. Gli uni dicevano: De Sanctis-Croce-Gobetti; altri ribattevano: De Sanctis-Croce-Gobetti-Sturzo; altri ancora: Cattaneo-Gobetti-Sturzo-Salvemini. E accadeva che in questi desiderati alberi genealogici spesso si inserisse il nome di Antonio Gramsci: e grande era il dissidio tra chi diceva De Sanctis-Croce-Gobetti-Gramsci e chi, invece, diceva De Sanctis-Croce-Gobetti-Salvemini (a non parlar di Sturzo e, più raramente evocati, di Cattaneo e Giovanni Amendola).

Qualcuno già più scaltrito, come Giovanni Ferrara o Gennaro Sasso, serbava per la verità un certo scetticismo verso questi allineamenti forzati, grondanti di ideologismo più che di diretta cognizione dei testi e delle vicende storiche. Eppure, imitando la crociana (e gramsciana) saggezza, direi oggi che nemmeno quelle erano «dispute oziose»: rivelavano e già in qualche modo cominciavano a soddisfare il bisogno e la coscienza di stare in una storia, bisogno e coscienza oggi alquanto attenuati tra molti anziani e, per naturale riflesso, tra i giovani. In più, in qualche modo, tenevano luogo di un primo rudimentale «invito alla lettura».

Ovviamente, se posso giudicare da me, quell'invito non sempre veniva realmente accolto o accolto con sufficiente serietà, tranne che da lettori onnivori, abilissimi saccheggiatori di librerie e della biblioteca di Comunità, o da qualcuno serio e scrupoloso come Stefano Rodotà. Un amico e compagno di studi prezioso, con cui avevo rabbiose discussioni, Alberto Asor Rosa, ricorda e sostiene che nei primi anni Cinquanta, indotto da lui a leggere Gobetti (forse allora ai suoi occhi un ineluttabile antecedente di Gramsci, benefico per un «borghese» come me), avendone letto qualche pagina mi sarei abbandonato a irripetibili lazzi. Ho cassato prudentemente l'episodio dalla memoria, ma temo di non doverne dubitare e di doverne ancora arrossire.

Per quanto riguarda Gramsci, alle sue pagine arrivai qualche anno dopo, a studi universitari appena finiti, per ragioni filologiche e incipientemente professionali. Guido Calogero, con cui avevo già fatto un piccolo lavoro sulla storia dei significati di democrazia, e Raymond Klibansky, che sognavano in quegli anni di realizzare un grande dizionario dei concetti e delle parole chiave della tradizione europea, mi commissionarono una storia della parola *classe*. Quel lavoro, che ho ripubblicato più tardi in una raccolta, *Senso e significato*, mi insegnò molte cose o, se volete, le insegnò alla mia rozzezza di aspirante linguista umanista: leggendo freneticamente, inseguendo le vicende della parola, incontrai i biologi e gli economisti classici del Sette e Ottocento, incontrai Marx, i logici, i gesuiti e la storia delle organizzazioni scolastiche. E incontrai Gramsci, attento a non confondere *ceto* e *classe*. Rileggendo ora il vecchio lavoro d'allora, nella filologica scelta delle citazioni gramsciane mi pare di scorgere già presente (ma la memoria ci abbellisce sempre) un filo di lettura (vi ho accennato nel precedente *Minimum*) che ho poi cercato di tenere a mente: un Gramsci teorico anche, sì, degli intellettuali consiglieri del principe, ma con molto disincanto dovuto alla sua percezione teorica e storica della grande complessità e imprevedibilità di esiti delle stratificazioni culturali, vero focus delle sue riflessioni storico-teoriche e filosofiche sul rapporto tra realtà della natura e mondo delle culture umane e focus della sua connessa proposta politica ed educativa radicalmente e a lungo solitariamente – in Italia – democratica ed egualitaria.

Impiegai ancora anni per capire che qui fosse il cardine del pensiero e della vita stessa di Gramsci. Pochi anni dopo (ma gli anni giovani hanno sterminate estensioni) di nuovo una imprevedibile casualità mi sospinse a occuparmi di storia linguistica italiana (tema allora tabù per un aspirante linguista, che avrebbe dovuto occuparsi solo di lingue morte o remote: ittito o cabardino). Incontrai di nuovo Gramsci e, come oggi capisco, per forza. Ma lì per lì non lo capii del tutto. E invece l'amico editore del libro che da quegli studi era venuto fuori, Vito Laterza, letti pazientemente dati, date e citazioni che vi si affastellavano e si rimbalzavano cercando di ricostruire una trama e un senso nelle vicende linguistiche della società italiana, mi chiese di poter stampare sulla sovracopertina del volume, tra tante citazioni, un passo di Gramsci, diventato oggi relativamente famoso:

Non è giusto dire che queste discussioni [le vecchie dispute sulla toscanità o italianità dell'italiano] siano state inutili e non abbiano lasciato traccia nella cultura moderna... Ogni volta che affiora, in un modo o nell'altro, la questione della lingua, significa che si sta imponendo una serie di altri problemi, la necessità di stabilire rapporti più intimi e sicuri tra i gruppi dirigenti e la massa popolare-nazionale.

Così cominciai a capire che gli orientamenti di lavoro che andavo seguendo potevano avere a che fare con Gramsci. Ma anche che Gramsci poteva e doveva avere a che fare con una linea di pensiero in cui certo c'era Marx, ma (e proprio il riscontro del passo citato con l'*Estetica* di Croce non lascia dubbi) c'era anche una più vasta e varia tradizione di cultura esterna al marxismo. Quindici anni più tardi, dopo l'apparizione della rivelatrice edizione critica dei *Quaderni* di Valentino Gerratana, due belle tesi di laurea romane (in parte pubblicate), di Tina Leto ed Emilia Passaponti, poi le ricerche di Stefano Gensini e l'importante *Lingua, intellettuali, egemonia* di Franco Lo Piparo e, dopo ancora, alcuni altri lavori hanno, a mio avviso, confermato la ricchezza articolata dell'orizzonte gramsciano.

Un altro amico prezioso, Edoardo Sanguineti, sottolinea l'importanza di quell'*altri problemi* nel passo di Gramsci. Ha ragione o, almeno, a me pare gli si debba dare ragione. Gramsci non pecca mai di verbocentrismo, ci mancherebbe. Ma non dimentica nemmeno mai di insegnarci che è il linguaggio, quale luogo di conoscenza, progettazione, espressione, interazione, è il linguaggio il terreno su cui da alcune decine di millenni si gioca la grande partita che degli animali umani fa, quando la vincano, esseri pienamente capaci di senso e di storia. Ed è l'educazione, è la scuola lo spazio in cui, nelle società anche appena sviluppate, singoli ceti possono farsi classe e vincere quella diuturna partita, e vincerla *sibi et alienis*. Questo, penso, leggeva e ha spinto a leggere in Gramsci don Lorenzo Milani.

giugno 1997

7.
«LITTERAE (NUMERIQUE) DANT PANEM?»

Evviva, evviva. All'ultima indagine dell'Iea (International Association for the Evaluation of Educational Achievement) sulle conoscenze scientifiche e matematiche degli allievi di scuola media l'Italia non ha partecipato. O meglio: invitata a partecipare, non è stata in grado di farlo. Di conseguenza le acquisizioni della *Third International Maths and Sciences Study* (sigla *Timss*), riferite a rigorosi e fitti campioni stratificati di decine di Paesi, stanno davanti ai nostri occhi senza che, noi assenti, lo sguardo sia velato da patriottiche passioni.

Poiché l'Italia non è stata in grado di partecipare non c'è pericolo che i dati siano letti da noi, come avvenne anni fa per l'indagine sui livelli di alfabetizzazione funzionale e comprensione della lettura, a mo' di classifica alle olimpiadi e con i conseguenti accaloramenti da Bar dello Sport. Nessun ministro della PI si lascerà andare a dire, prima di leggerli, che i dati sono un «attacco alla scuola italiana». Nessun insegnante, con o senza apostrofo, potrà dire che *Timss* vuole vilipendere la categoria. Nessuno spacciatore-di-statistiche-socioculturali-a-quattro-tabelle-copiate dall'Istat-cento-milioni si impegnerà a dimostrarci che nella nostra scuola tutto funziona bene, anzi meglio e più che meglio.

Patria e scuola italiana non sono in pericolo. E i dati potrebbero essere da noi letti in tutta la loro seria problematicità *sine ira et studio.* Come del resto va avvenendo altrove, anche in Paesi che hanno partecipato all'indagine e nei quali un piazzamento magari non esaltante è un motivo in più di riflessione. Così è avvenuto per esempio in Francia. Qui una grande rivista scientifica ha dedicato un suo recente editoriale al fatto che metà circa degli studenti del glorioso liceo (che per le scienze, ma non per la matematica, si collocano sotto il punteggio medio internazionale) mostra per esempio di non sapere che la forza di gravità si esercita su un corpo anche quando è poggiato a terra. Che cosa non funziona nell'insegnamento francese delle scienze e che cosa funziona meglio in quello di matematica? Questo tipo di domande, e non il grido di lesa patria o lesa corporazione, si manifesta dove la scuola è vissuta come una risorsa e un problema nazionale.

Ma andiamo ai dati o, meglio, cominciamo ad andare. Le indagini Iea sono sempre più cresciute per ricchezza e rigore di analisi e risultati. Sono una miniera inesauribile anche a grande distanza di tempo. E qui dunque ci fermeremo solo sulla soglia.

Come già le due precedenti indagini sulle conoscenze scientifiche e quella sulla lettura, anche questa scuote molte certezze acquisite e induce, dovrebbe indurre, a cautela.

Correlazioni ovvie vengono messe in forse. *Spesa per alunno*: gli Usa spendono tre volte più di coreani e cechi, ma sono all'ottavo posto contro il secondo in *maths* e sesto in scienze della Corea del Sud e secondo in scienze, sesto in matematica della Repubblica Ceca. *Alunni per classe*: in Corea del Sud sono quaranta per classe. *Compiti a casa*: pesantissimi (cinque ore al giorno) a Singapore, prima al mondo, e in Giappone, terzo al mondo, ma ancora più pesanti in Iran e Kuwait, agli ultimi posti, e leggerissimi per i cechi (meno di due ore al giorno), secondi al mondo e primi di tutti gli occidentali.

Una correlazione sembra resistere, ed è di non facilissima lettura come ogni rapporto tra rapporti. La spesa per alunno non ha correlazione positiva con i buoni punteggi considerata in cifre assolute, invece la correlazione positiva emerge con la *spesa correlata al reddito nazionale*, cioè se è vista come percentuale di questo. Sono premiati dunque i Paesi che spendono di più in rapporto alle loro risorse.

Se sarà confermata da analisi più ampie, questa constatazione si raccorda a quella dell'Isu, dell'indicatore di sviluppo umano, dal quale sappiamo che gli alti redditi sono solo uno dei fattori, ma non l'unico né il maggiore a determinare la qualità della vita. E si raccorda ad altre della anteriore indagine Iea sulla lettura, da cui risulta che il successo scolastico non correla (o, se si vuole, non correla più) con un alto reddito familiare, ma piuttosto con l'impegno culturale della famiglia, che a sua volta costa relativamente poco in termini di denaro. Ed è esso, questo impegno, fattore di successo e, quindi, di crescita culturale, la quale, a sua volta, come hanno mostrato statistici ed economisti messi al lavoro da Nicola Rossi per costruire il volume del Mulino *L'educazione in Italia: solo un pezzo di carta?* (Bologna 1997), è un autonomo fattore di sviluppo anche economico.

Ma, allora, *litterae (numerique) dant panem*?

luglio-agosto 1997

8.
EROISMO DELLA COMPRENSIONE

Il *Manuale di stile. Strumenti per semplificare il linguaggio delle amministrazioni pubbliche*, edito nel luglio 1997 dal Mulino, sventola come un allegro vessillo su una delle roccaforti dell'oscurità gratuita: la pubblica amministrazione italiana, anzi il cuore di questa amministrazione, quel ministero della Funzione pubblica che molti in cuor loro ritennero in passato superfluo.

Alfredo Fioritto, che ha curato l'insieme dei testi, Emanuela Piemontese, che ha scritto le parti specificamente linguistiche, Giovanni Garroni, che ha spiegato cosa vuol dire impaginare chiaramente, efficacemente un testo informatico di natura amministrativa, hanno raggiunto una tappa importante in un lungo cammino. Il dipendente pubblico che voglia sa ora come fare per parlare in modo comprensibile a chi vive oggi nella Repubblica italiana. Sa che può dire *rinvio* invece di *differimento*, *e* invece di *nonché*, *e tutti devono* invece di *è fatto obbligo a chiunque*, *scrivere dietro* invece di *attergare*, *impedimento* invece di *condizione ostativa*, *pagamento* invece di *oblazione*. Sa che se vuole farsi capire dal 40% di persone che hanno al massimo la licenza elementare e dal 33% di persone che hanno al massimo la licenza media inferiore, deve scrivere frasi lineari, usare poche sigle o nessuna, pochi rinvii misteriosofici ad altri testi o nessuno, frasi non più lunghe di 25 parole. Del resto, dinanzi a un *attergare il differimento dell'utilizzo dell'oblazione causa condizione ostativa* anche il 20% con un diploma e il 4% con una laurea barcollano.

Se poi frasi lunghe e contorte con vocaboli inusuali sono stampate in corpo 6 o 5, come avviene nelle attuali bollette Enel o nei contratti assicurativi o nelle note della «Gazzetta Ufficiale», alla cattiva leggibilità linguistica si assomma la illeggibilità tipografica, materiale. La somma o, meglio, il prodotto delle due illeggibilità estenua e blocca anche la nostra umana, innata, biologica capacità e volontà di prestare comunque un senso a ciò che leggiamo o ascoltiamo.

Mentre discutevamo di modelli teorici della comprensione linguistica una mia brava alunna mi e ci ha suggerito una bella immagine: eroismo della comprensione. Specialmente da piccoli, ma anche da adulti dinanzi a un testo ce la mettiamo tutta per cercare di ridurlo a essere un buon tramite per il senso che immaginiamo voglia trasmetterci. Se il testo ci è lontano, se è mal fatto, andiamo all'assalto delle sue impervietà come eroici partigiani e combattenti.

Ma molte leggi del nostro Parlamento e, per dichiarazione dello stesso ministro Bassanini, perfino la legge che porta il suo nome e che vuole semplificare, sì, i rapporti tra cittadini e pubblica amministrazione, e buona parte dei testi con cui le amministrazioni ci parlano, ci chiedono quote straordinarie e permanenti di eroismo estremo e di pazienza. Giobbe ed Enrico Toti insieme, questo dobbiamo essere per capire la bolletta del gas o obbedire alle ingiunzioni dell'Acea.

Mi si chiederà perché sto andando così per le lunghe fuori tema. Eh no, sono in tema, in temissimo, è il caso di dire. Non sto parlando d'altro. Sto parlando di noi che insegnamo (per favore, proto, *insegnamo* si può scrivere anche così, senza *i*, non rompiamoci la testa con scemenze). Sto parlando di scuola. Sto parlando in tema di tema.

Finché la prova principale di ogni esame italiano sarà il tema; finché il tema sarà quello che è, scrivere a lungo non si sa per chi e per che, salvo che per fare buona impressione agli occhi non si sa di chi; finché una persona candida e simpatica come Cerami potrà e dovrà consigliare ai maturandi di usare «parole difficili» per accattivarsi le simpatie degli insegnanti; finché, per pubblica ammissione del già ministro Franca Falcucci, l'Italia sarà l'unico Paese dell'Unione Europea a addestrare fanciulli, giovinetti e docenti alla pratica puttanesca e deformatrice degli sproloqui detti tema – fino ad allora *dormite securi cives*; alla funzione pubblica potranno sedere non i Cassese e Urbani e Bassanini, ma Stalin, ma Gengis Khan, ma Pol Pot, e non succederà niente nel linguaggio che ci parla la pubblica amministrazione italiana. Perché dopo tredici anni di tema ce l'avremo tutti nel sangue la voglia di scrivere *recarsi* invece di *andare*, *adirarsi* invece di *arrabbiarsi*. E il povero impiegato non saprà fare altro che chiederci, *a mezzo missiva*, di *postergare l'attergo del differimento dell'emarginata pregressa*. E, *in calce*, *apponiamo altresì* tanti saluti al *Manuale di stile*.

settembre 1997

9.
SE LA LEGGE AMMETTE IGNORANZE

Come gli specialisti sanno, non siamo ancora venuti a capo di un arduo problema: quante sono le leggi oggi vigenti in Italia? Alcuni anni fa, nel 1992, sulla base dei lavori fino ad allora svolti, Sabino Cassese, in un suo studio sulla formazione delle leggi in Italia apparso nella «Rivista trimestrale di diritto pubblico», rese noto che le leggi vigenti erano circa 150.000, quindici, diciotto volte più numerose di quelle vigenti in Francia o Germania, Paesi paragonabili all'Italia per tradizioni giuridiche, stazza e complessità. Da allora il dato ha cominciato a circolare ed è diventato quasi popolare. Siamo largamente informati del fatto che viviamo in un Paese stracarico di leggi. Non si direbbe che alla consapevolezza abbia fatto seguito qualche atto coerente. Perfino nelle dichiarazioni in difesa del Parlamento è capitato più volte di sentir dire che il Parlamento lavora molto: infatti ha approvato un gran numero di nuove leggi. E non si sente dire, invece, lavora molto: infatti ha estirpato e soppresso un gran numero di inutili leggi vigenti.

Ha avuto minor risonanza popolare un altro fatto interessante la stessa questione. Lo conoscono bene i giuristi, e uno dei più illustri tra loro, Massimo Severo Giannini, quando il fatto si verificò la prima volta, parlò, subito dopo, di un *vulnus* all'intero ordinamento legislativo nazionale, un fatto gravissimo, una ferita mortale. Di che si tratta? Anche i non giuristi sanno che, come si dice, «la legge non ammette ignoranza». Come scrive Paride Bertozzi in un suo *Dizionario dei bro-*

cardi e dei latinismi giuridici, «*Ignorantia iuris non excusat* è senz'altro tra i latinetti più noti e più diffusi». Nel nostro ordinamento questa antica norma ha preso corpo nell'articolo 5 del primo libro del Codice penale: «*Ignoranza della legge penale*. – Nessuno può invocare a propria scusa l'ignoranza della legge penale».

Nel 1988, discutendo alcuni casi, la Corte costituzionale, con la sentenza n. 364, ha dichiarato l'illegittimità costituzionale di questo articolo «nella parte in cui non esclude dall'inescusabilità dell'ignoranza della legge penale l'ignoranza inevitabile». E, secondo la Corte, l'ignoranza è riconoscibile come inevitabile «in base a criteri (cosiddetti oggettivi puri) secondo i quali l'errore sul precetto è inevitabile nei casi di impossibilità di conoscenza della legge penale da parte di *ogni consociato*. Tali casi attengono, per lo più, alla oggettiva mancanza di riconoscibilità della disposizione normativa (ad esempio *assoluta oscurità del testo legislativo*) oppure ad un gravemente caotico atteggiamento interpretativo degli organi giudiziari» (corsivi miei).

Anche in qualche lavoro specialistico recente non vedo ricordato che l'orientamento della sentenza del 1988 è stato confermato dalla Corte costituzionale sette anni dopo, con la sentenza n. 61 del 24 febbraio 1995.

Se le leggi sono oscure, se formano un intrico che dà luogo a interpretazioni gravemente caotiche, la *ignorantia iuris excusat*. Ecco il *vulnus*!

Dalle sentenze della Corte il tema della chiarezza dei testi, almeno dei testi legislativi, viene o dovrebbe venire sottratto alle questioni di gusto linguistico o letterario e viene trasformato in un principio che dovrebbe presiedere alla revisione dell'intero apparato legislativo nazionale.

In una società complessa è difficile pensare a leggi utopicamente semplici. Come fare per arrivare a scrivere leggi sufficientemente chiare? Michele Ainis si è posto questa domanda in un lucido saggio che appare ora da Laterza (*La legge oscura. Come e perché non funziona*, Roma-Bari 1997). E la domanda è di risposta ancor più ardua se si pensa che la chiarezza di un testo non è un valore assoluto, ma è un valore relativo ai destinatari e che metà dei destinatari delle leggi italiane non ha terminato la scuola dell'obbligo.

Ainis si appella a norme e regole per la redazione di testi largamente comprensibili, si rifà al *Codice di stile* di Cassese e, cortesemente, ad alcuni miei vecchi lavori. Non sarò davvero io a non condividere queste indicazioni per una scrittura opportunamente controllata e trasparente di testi che, come le leggi, vogliono rivolgersi a tutti. Ma qui, a commento e conclusione, vorrei ricordare che quelle indicazioni rischiano di restare lettera morta se il nostro sistema formativo nelle sue parti più alte, mediosuperiori e universitarie, non saprà impegnarsi a fondo nell'educazione al controllo dell'uso scritto della lingua e non assumerà la chiarezza come stella polare del processo di formazione delle capacità linguistiche più alte e complesse.

ottobre 1997

10.
DEMOCRITO È ANCORA TRA NOI

Anni fa apparve in Francia un bel libro, divertente, documentato, polemico. Non era solo un libro contro chi si atteggia, in materia di scuola, a *laudator temporis acti se iuvene*, naturalmente. Il libro raccoglieva lamenti circostanziati e ufficiali, di ministri dell'educazione, studiosi di cose scolastiche, a partire dalla metà del secolo scorso. Di generazione in generazione, nelle sedi più solenni, persone responsabili hanno sostenuto che rispetto a dieci o venti anni prima il livello di preparazione degli studenti francesi era orribilmente scaduto. Conclusione del libro: se solo la metà delle affermazioni fosse vera, oggi la Francia dovrebbe essere popolata interamente da gente incapace di leggere, scrivere e far di conto. Ma non è così, come sappiamo.

Il fatto è che anche le menti più acute ed equilibrate non resistono alla vecchia tentazione di mescolare ai dati oggettivi sui livelli formativi reazioni umoralmente pessimistiche ispirate banalmente proprio alle laudazioni del tempo che fu. Anche per la Francia, assai meglio organizzata di noi, e certo per l'Italia non disponiamo, tra l'altro, di buoni dati analitici oggettivi longitudinali, diacronici, cioè dati su quelli che sono stati i livelli di competenza raggiunti di anno in anno dagli studenti al termine dei vari cicli. E, del resto, per l'Italia l'idea che si cominci a mettere mano, a raccogliere ed elaborare dati del genere è ancora e solo un buon proposito.

Questo non significa liquidare con un'alzata di spalle ogni valutazione negativa o chiudere gli occhi dinnanzi al molto che non va. Giornali e riviste francesi, come «La Recherche», nella scorsa primavera hanno manifestato molto allarme quando, dall'ultima e importante indagine dell'Iea, di cui qui abbiamo già accennato, è venuto fuori che gran parte degli studenti francesi mediosuperiori è convinta che la forza di gravità si esercita su un corpo soltanto quando cade, ma quando se ne sta bello fermo no. Secondo gli studenti francesi, un libro ben fermo sul tavolo o un sasso sul prato sono felicemente indenni da tale forza e si librerebbero dunque in quello che gli astronomi chiamano spazio «abarico»: quei minuscoli (minuscoli nel cosmo) e mutevoli pezzi di spazio in cui le diverse attrazioni dei corpi celesti si equilibrano e il corpo che ci capita dentro pare trovarsi davvero nella condizione immaginata dagli studenti francesi.

La convinzione dei quali è tutt'altro che banale. Essa ci rivela che Galilei e Newton possono essere oggetto di brillanti esami di fisica, ma che, se appena la domanda è formulata terra terra, in modo inatteso (come Persico suggeriva di fare), le risposte mostrano che nel senso comune dominano ancora Simplicio e gli aristotelici e la doppia idea che se non c'è movimento non c'è applicazione di una forza e se non c'è applicazione di una forza non c'è movimento. Chissà che pensano della gravità (in senso fisico) gli studenti mediosuperiori italiani.

Posso solo dire che, nei vagabondaggi transdisciplinari che un linguista è costretto a fare, mi è capitato di chiedere poco tempo fa a un'aula affollata che cosa intendiamo con *atomo*: mi ha risposto un profondo silenzio. Una fanciulla, infine, dopo aver detto con rassegnazione, «ma siamo in una facoltà di lettere», ha organizzato la frase più compiuta: «è una parte indivisibile della materia». Democrito, dunque, è ancora tra noi.

Faremmo male assai a chiudere gli occhi dinanzi a casi del genere o alla scarsa padronanza della lingua nazionale e a cercare di reagire, di capire che dobbiamo fare. Ma per reagire a dovere, in modo efficace, non cerchiamo solo cause prossime.

È vero, purtroppo: non abbiamo dati oggettivi per il passato. Ma qualcosa sappiamo. Che non si avesse più idea della grammatica, è detto già in una canzoncina degli anni Trenta. Tra gli anni Quaranta e primi Cinquanta ricordo tre episodi almeno. 1) Ettore Paratore, a chi gli rimproverava eccessi di severità nelle votazioni dei compiti scritti di latino, documentò che buona parte degli esaminandi di un anno (forse il 1951) dovendo tradurre un passo di Machiavelli, aveva reso la frase «in questo lago sono più pesci che in mare» con *in hoc lacu sunt pisciores quam in mare*. 2) La facoltà di lettere di Roma, preoccupata da questi fenomeni, affidò a Natalino Sapegno una rilevazione del come scrivevano i ragazzi dell'epoca. Poiché nelle facoltà di lettere era severamente vietato scrivere, Sapegno si fece dare dalla segreteria lettere e domande di studenti per cominciare a farsi un'idea. In molta parte delle domande traluceva un odio inatteso per una nobilissa regione autonoma italiana: molti infatti invocavano il *nulla aosta*. 3) Evaristo Breccia, negli stessi anni, suscitò infinite polemiche e fu accusato di violare segreti d'ufficio perché pubblicò un libro intessuto di madornali sciocchezze scritte non da alunni, ma da giovani aspiranti all'insegnamento: è un libro ancora istruttivo intitolato *Somari in cattedra*.

novembre-dicembre 1997

11.
«L'OMBRA SUA TORNA CH'ERA DIPARTITA»

Vittore Branca è uno dei massimi studiosi di filologia e critica letteraria italiana. Le sue edizioni critiche di Boccaccio, Poliziano, Ermolao Barbaro il Giovane sono fondamentali. È anche persona squisita e cortese. E ancora: fatto raro tra gli accademici, è attento alle cose della scuola. Dissentire da lui non è facile, tanto più per chi, come me che scrivo, si considera o, almeno, vorrebbe considerarsi suo amico.

Nei mesi scorsi egli è sceso in campo con tutto il peso della sua autorità per polemizzare contro il ministro Berlinguer, accusandolo di volere esiliare dalla scuola italiana niente meno che Dante, e spedirlo in Giappone, dove Dante maggiore o minore ha trovato eccellenti cultori e traduttori, a cominciare da quel Tomotada Iwakura cui giustamente, anni fa, è stato assegnato dal presidente della Repubblica il premio nazionale per la traduzione. Ma davvero Dante si studierà solo in Giappone e non più nelle nostre scuole?

Appartengo a una generazione e a un ceto, quello piccolo e medio borghese, di «professionisti» (come diceva mio padre) e di insegnanti per i quali la domanda va dritta alle radici della memoria personale. Perché in quel ceto Dante e le parole di Dante non erano cosa di scuola, ma lessico famigliare e familiare. Non vorrei annoiare chi legge. Ma suonano per me, nel ricordo, con la voce di mia madre parole di colore oscuro (*Per me si va nella città dolente...*), invettive (*Ahi Pisa...*, *Ahi serva Italia...*), illuminazioni (*Tu troverai sì come sa di sale lo pane altrui...*, *Come nei plenilunii sereni...*). Senza saperlo, al bimbetto di tre, quattro anni o poco più veniva applicata una pedagogia vygotskiana, c'era sempre un gradino più in alto da salire, un *duro calle*, per capire che mai fossero le *cose eterne*, che significava *bordello* e come mai anche il ciclo avesse dei *seni*. L'applicava anche mio padre, quando, invece di un *Che ci vuoi fare*, se ne usciva con un *Vuolsi così colà dove si puote quel che si vuole*. Non avevano fatto il liceo, magari, ma le normali, quei professionisti e quelle insegnanti, ma Dante (e non solo) era un pezzo della nostra casa, una parte dei giorni.

Così, dire che un ministro vuole rispedire in esilio Dante è notizia che allarma, che mette in forse per alcuni di noi, non pochi, parti profonde del nostro essere stesso.

Il ministro ha smentito. Ma l'articolo di Branca su Dante esiliato, apparso nel «Sole 24 Ore», ha fatto egualmente la sua strada massmediatica. Non era *parva favilla*, e grande è stata la fiammata. Giulio Ferroni si è indotto a generalizzare l'allarme e nel «Corriere della Sera» ha scritto un pezzo dal titolo angosciato: *Per favore non ammazzate la letteratura*.

Bene dunque ha fatto Luigi Berlinguer a dire nel modo più solenne, aprendo l'11 dicembre scorso il convegno tenuto a Roma dall'associazione degli studiosi di letteratura italiana, che: 1) non ci sono per ora programmi di sorta oltre a quelli vigenti o gli sperimentali Brocca; 2) che nelle future linee di programma della futura scuola riformata si fisseranno obiettivi; 3) che un obiettivo non rinunciabile è la conoscenza dei grandi testi della letteratura nazionale. Un'aggiunta meno solenne, che ha molto rassicurato i colleghi insegnanti di letteratura italiana nelle università, è stata che le tabelle concorsuali richiederanno agli aspiranti di avere fatto due annualità di letteratura italiana, e non una, come il popolo degli italianisti aveva paventato.

Il convegno poi ha detto, attraverso le relazioni e gli interventi, qualcosa di più. È stata una comune richiesta, come già nella commissione dei «saggi», che l'educazione linguistica entri a bandiere spiegate (come già chiedono i programmi Brocca) nelle scuole medie superiori. Occorre trovare un punto di equilibrio tra lo spazio da dare alla lettura dei testi letterari del passato e dell'oggi, italiani anzitutto (ma non solo), e lo sviluppo delle capacità linguistiche di comprensione, scrittura, discorso, le quali sono ovviamente necessarie anche di là della formazione letteraria. Non c'è dubbio che, a questo fine, il cammino intrapreso da tanti insegnanti per impadronirsi dell'essenziale delle conoscenze linguistiche storico-teoriche debba diventare istituzionale nelle università e nelle nascenti scuole di specializzazione. Per chi progetta di andare poi a insegnare, non dovrà essere più possibile uscire dalle facoltà letterarie (come oggi ancora può avvenire) senza avere notizia di come è fatta una lingua e di come è la nostra, in specie, e per quali vie si è venuta formando. Ne trarrà vantaggio la scuola e, intanto, pare trarne vantaggio la grande ombra di Dante, padre, come si dice, teorico, studioso e iniziatore e della nostra lingua e delle nostre lettere.

gennaio 1998

12.
IL CHIARO, LO SCURO E LA L2

Una valente mia collega, Anna Giacalone Ramat, protesta perché il Murst ha negato il finanziamento a un suo progetto di ricerca sull'apprendimento delle L2, delle lingue diverse dalla materna. O, più esattamente, protesta per la motivazione (anonima) con cui il finanziamento è stato negato: il campo, ha scritto l'anonimo referente del Murst, sarebbe stato ormai talmente esplorato da lasciare spazio solo a ricerche di dettaglio, senza interesse.

La motivazione è del tutto infondata. Addirittura, a volere per forza negare un finanziamento, varrebbe la pena capovolgerla: il campo è talmente poco esplorato, ne sappiamo tanto poco, che finanziare una singola ricerca è poco produttivo. Le variabili da individuare preliminarmente, le ipotesi sulle loro possibili relazioni da definire sono tali e tante che una ricerca sul campo è per ora prematura. Naturalmente, nemmeno questa motivazione sarebbe esatta, ma certo rispetto a quella data sarebbe più prossima alla verità.

La verità ancor più generale è che siano molto indietro, e non parlo solo dell'Italia, nello studio dei processi umani di apprendimento e, in evidente rapporto con ciò, delle modalità con cui si realizza un insegnamento efficace.

Se penso soltanto al piccolo settore da cui sono professionalmente meno lontano, l'apprendimento della lingua materna, non riesco a liberarmi dalla sgradevole sensazione che la massa di ricerche esistenti si sono librate e ancora si librano su un vuoto. È una sensazione che ho inutilmente tentato di comunicare a psicologi dell'apprendimento e dello sviluppo. Abbiamo una sterminata bibliografia internazionale e un'ampia bibliografia italiana sul procedere iniziale della produzione infantile nella lingua materna. Sappiamo moltissimo sui primi passi compiuti dai bambini per passare dai primi balbettii ai primi enunciati accettabili in una lingua. Sappiamo invece assai di meno, per essere eufemistici, sui primi passi compiuti preliminarmente dai bambini per mettersi in grado di capire le parole degli adulti. Tra i primi balbettii, sempre più frequenti e rumorosi, e la produzione delle prime parole, vi è una fase di lungo silenzio, più o meno tra i cinque e gli otto, nove mesi. Il bambino tace e fa, evidentemente, quel che da adulti riesce difficile fare: non produce suoni, ma ascolta. Ascolta e impara a riportare i suoni che sente alle frasi, al vocabolario e alla grammatica della sua lingua. Impara a capire. Impara, tra le innumerevoli grammatiche possibili, tra gli innumerevoli vocaboli, i primi elementi della grammatica e del vocabolario che userà di lì a qualche mese. Le ricerche empiriche su questa fase apparentemente silente, certamente non facili, sono poca cosa. Eppure sarebbero decisive per orientarci sulle modalità di apprendimento naturale della prima lingua.

Insomma, prima di dire *papà* e *mamma*, *acqua* e *pappa* il bambino, ascoltando, ha imparato a capire e isolare queste parole, il loro significato, la loro grammatica e pragmatica. Ma di ciò sappiamo assai poco, su ciò abbiamo speso poche energie nella ricerca puntuale.

Possiamo immaginare elevato al quadrato lo stato della nostra ignoranza quando dall'apprendimento naturale della prima lingua si passa all'apprendimento delle L2, che avviene con profitto nelle più svariate condizioni, e non avviene con profitto in condizioni altrettanto svariate, condizioni di non facile riproducibilità sperimentale.

Una variabile o, meglio, un groviglio di variabili a loro volta di determinazione difficile qui e altrove, è costituito dalle modalità di insegnamento, tutte le volte che una L2 si apprende non per contatto informale e vivo con i suoi parlanti nativi, ma per via scolastica e formale. Sarebbe necessaria, a mio avviso, una vasta indagine statistica e comparativa internazionale, come ha fatto l'Iea in altri settori (dalle scienze, alla scrittura nella lingua madre, alla matematica, alla comprensione di testi), per discernere le variabili in gioco e determinarne o, almeno, cominciare a discuterne l'incidenza.

Nell'attesa, tutto possiamo dire tranne che il campo sia talmente esplorato da rendere superflue altre ricerche. Del resto, se e quando riusciremo a svolgerle appieno, non dobbiamo sperare che tutto si faccia chiaro nel rapporto tra apprendimento e insegnamento della L2 e di qualunque altra materia. Ma questo non si dice per rinunziare a fare tutta la possibile chiarezza. Vale anche a questo riguardo una geniale considerazione di Simone Weil: «L'uso della ragione rende le cose trasparenti allo spirito. Non si vede ciò che è trasparente. Si vede, attraverso il trasparente, quel che è opaco: quell'opaco che era celato quando il trasparente non era trasparente. Si vede la polvere sul vetro o il paesaggio dietro il vetro. Mai il vetro stesso. Pulire la polvere serve solo a vedere il paesaggio. La ragione deve esercitare la sua funzione solo per giungere ai veri misteri, ai veri indimostrabili che sono il reale. Ciò che non è compreso nasconde l'incomprensibile e, per questo motivo, deve essere eliminato».

febbraio 1998

13.
«FINIS SCHOLARUM»

Nelle vecchie scuole ben ordinate era un bidello che veniva a dare il *finis*. Ora tocca a *teams* di illustri sociologi.

Con il Service culturel de l'Ambassade de France e il Bureau de coopération linguistique nel febbraio scorso abbiamo organizzato a Roma, alla Sapienza, in un'aula magna stracolma di insegnanti di francese venuti da tutta l'Italia, presenti anche alcuni docenti universitari, un convegno dal titolo *Culture et modernité: enjeux pour l'école et pour le français*.

Dell'*enjeu* per il francese non vorrei qui parlare. Sappiamo e vediamo che un po' dappertutto è stato gravemente intaccato il suo ruolo di lingua transglottica *par excellence* (attenzione, uso un anglicismo, uno 'xenismo' dell'inglese, direbbe il collega Serianni). Ma intaccato non vuol dire eliminato: dopo l'inglese, con lo spagnolo, il cinese scritto, l'arabo scritto e il russo, il francese conserva un suo rispettabile ruolo di interscambio e ha tutt'altro che perduto la partita come lingua usuale tra le classi più colte e ciò anzitutto, ma non solo, nei paesi anglofoni. Se in Italia abbiamo fondati sospetti di un suo declino, ciò riguarda, più che il francese, l'assetto complessivo della nostra cultura. Un per ora ancora ignoto cronista di «Repubblica» ogni cinque sei mesi scrive che questa o quella strada fa da *trade unions* tra una piazza e un'altra di Roma. Questo però non ha a che fare con il declino del francese, ma con la nostra collettiva e anacronistica incultura linguistica nazionale.

Se una diffusa conoscenza di lingue altre è il giusto punto di incontro tra cultura e modernità, questa è certamente una scommessa per ora perduta e dalla nostra scuola e dalla nostra società. Metà della popolazione ormai ha preso la licenza media, ma una buona conoscenza dell'inglese viene dichiarata (autovalutativamente, si badi, e parrebbe non senza onestà) soltanto da un quinto della popolazione e soltanto da meno d'un settimo una buona conoscenza del francese (Istat, *Mass media, letture e linguaggio. Indagine multiscopo sulle famiglie «tempo libero e cultura»*, Roma 1997). Chissà dove si colloca in questa statistica il redattore della «Repubblica».

Ma la scommessa maggiore è quella che riguarda la scuola, non solo la nostra italiana o europea, ma l'istituzione scuola dappertutto. È stato sottolineato un po' da tutti il disagio in cui si trova la scuola dinanzi alle trionfanti forme di spettacolo, intrattenimento, informazione che tecnologie sempre più potenti e pervasive scaricano nella società, tra le generazioni più giovani e dentro le stesse aule. Pur in modo non chiarissimo, sembra che parecchi ormai si rendano conto che il problema maggiore non è la televisione d'evasione e spettacolare, ma è la televisione che veicola buona cultura. Non c'è professore di fisica nell'aula scolastica che possa reggere il confronto con Piero Angela che, dopo settimane di preparazione, con l'aiuto di alcuni dei maggiori specialisti, con i materiali selezionati da uno staff che ha visionato il meglio della produzione internazionale, per pochi densi e affascinanti minuti parla della formazione delle galassie o dell'interazione debole. Non c'è professore di italiano che leggendo un canto di Dante possa rivaleggiare con le letture che ne danno, dopo mesi di severa preparazione e magari con l'aiuto di sfondi e di musiche suggestive, Vittorio Gassman o Vittorio Sermonti. E chi contenderà il primato a una lezione su Heidegger fatta da Gianni Vattimo, che studia l'argomento da anni e va in trasmissione dopo prove, controprove e aggiustamenti?

E il banco a due piazze (libro più computer) di Eco e Berlinguer, come essi due si sono compiaciuti di dire, e cioè l'internettizzazione pervasiva, non farà che facilitare e rendere ancor più immediati i confronti.

Nel convegno hanno circolato due tesi su quel che va avvenendo. Una ottimistica, di Edgar Morin e degli esperti della spesso eccellente radiotelevisione francese: la scuola può vincere la scommessa. L'altra di Alberto Abruzzese, pessimistica per la scuola, «scandalosa», come lui stesso la ha qualificata: la scuola difficilmente potrà reggere ancora a lungo il confronto, la formazione ha preso ormai altre strade. *Finis*, la campanella è suonata?

A me pare di no. C'è qualcosa che internet e tivvù non sanno dare: tutto il lavorio necessario a mettere in rete un bel pezzo sul Niger, in onda il bel chiomato viso di Angela. Certo, una scuola che ai ragazzi, come nella caverna platonica, offra solo visioni, spettacolo, una cognitività contemplativa con consegne ed effetti solo memoriali, quella scuola può probabilmente chiudere i battenti, per quante piazze vi si ammucchino. Angela e Vattimo sono più bravi. Abruzzese ha ragione. Ma educarsi a mettersi in discussione, *provando e riprovando*, e a mandare a effetto l'appreso, una «noiosa» scuola gioiosamente, faticosamente socratica e galileiana? La più sempliciotta (se c'è) delle «maestrine», il più modesto «instit» fa un lavoro non sostituibile per la specie umana.

marzo 1998

14.
IL BAMBINO SENZA MANI E LE PATATE

Nelle forse nascenti scuole di specializzazione per l'insegnamento i corsi per abilitare futuri insegnanti di educazione fisica si intitoleranno «Scienze motorie». È un bel preludio per la futura sostituzione dell'educazione fisica con test scritti e esami orali sulla dinamicizzazione ergonomica del sartorio in condizioni di motricità stressata. Senza muoversi dal banco a due piazze suggerito da Umberto Eco al ministro Berlinguer, i fanciulli e le fanciulle potranno dare prova del loro sapere ginnico a insegnanti che, incapaci di rampicare e farli rampicare su una pertica, sapranno però (forse) tutto delle scienze motorie. Amen: il «bambino senza mani» di Mario Lodi celebrerà il suo estremo trionfo.

Il malanno verbalistico e la sua ulteriore degenerazione pseudoepistemologica non sono né recenti né solo italiani. Nella istituzione scuola da sempre, per insegnanti pigri, il verificare che gli alunni sappiano parlare di x è più facile che verificare che x sappiano farlo. Verificare che sappiano ripetere che cosa dice il manuale di Ariosto è più facile che verificare che abbiano letto, capito e apprezzato qualche ottava. E questo vale, beninteso, per la stessa educazione linguistica. Verificare che bambinette e bambinetti sappiano che cosa è un antonimo è più facile che verificare quanti vocaboli e quante coppie di aggettivi capiscono e usano con proprietà.

Così un po' dappertutto il verbalismo continua a minacciare il fare scuola ma da noi, a quanto pare, rischia di guadagnare ancora posizioni. Ha fatto bene Lucio Russo a richiamare l'attenzione su questo rischio ricordando il non abbastanza celebre «problema delle patate» nel suo *Segmenti e bastoncini* (Feltrinelli, Milano 1998). Il libro non mi pare del tutto condivisibile, ma sulle patate Russo ha ragione.

Il «problema delle patate», nato in Spagna, è noto soprattutto ai colleghi matematici, cui già andava il merito di avere identificato il celebre problema dell'*âge du capitaine*: un bastimento ha un albero maestro di 57 metri e procede alla velocità di 13 miglia all'ora. Qual è l'età del capitano? Risposta (quasi) corale: 57 – 13 = 44.

Rispetto a quello dell'*âge du capitaine* il «problema delle patate» ha in più il merito di simboleggiare una tendenza generale dei sistemi scolastici europei. Con qualche libertà, mi rifaccio alla formulazione, anzi alla serie di riformulazioni date da Russo.

1960 (formulazione «passatista»): un contadino vende un sacco di patate per 1.000 lire. Per produrle ha speso i 4/5 del prezzo di vendita. Qual è il guadagno?

1970 (versione postsessantotto, ma ancora tradizionalistica): un contadino vende un sacco di patate per 1.000 lire. Per produrle ha speso i 4/5 del prezzo di vendita, cioè 800 lire. Qual è il guadagno?

1970 (versione postsessantotto, ma «moderna» e insiemistica): un contadino scambia un insieme P di patate con un insieme M di monete. La cardinalità dell'insieme M è uguale a 1.000 e ogni elemento di M vale una lira. Disegna 1.000 grossi punti che rappresentino gli elementi dell'insieme M. L'insieme S delle spese di produzione è un sottoinsieme dell'insieme M ed è formato da 200 grossi punti in meno di quelli dell'insieme M. Disegna il sottoinsieme S e rispondi alla domanda seguente: qual è la cardinalità dell'insieme G che rappresenta il guadagno? Disegna G in colore rosso.

1980 (versione «rinnovata», psicologico-socializzante): un contadino vende un sacco di patate a 1.000 lire. Per produrle ha speso 800 lire e il suo guadagno è di 200 lire. Sottolinea la parola *patata* e discutine con i tuoi compagni.

1990 (versione «riformata», psicologico-socializzante e «aperta al territorio»): supponendo che degli operatori agricoli intendano vendere un contenitore di patate per 1.000 lire, predisponi l'esecuzione di un sondaggio per determinare il volume della domanda di patate nella società contemporanea. Completa la ricerca analizzando gli elementi del problema, mettendo in rapporto gli elementi tra loro ed evidenziando il principio cognitivo implementato dal costituirsi di tale rapporto. In fine, disegna una tabella a doppia entrata indicando in alto, in orizzontale, i nomi degli elementi surricordati e in basso, in verticale, diversi modi di cucinare patate.

aprile 1998

15.
BAMBINI, CASE, UCCELLI E DOMANDE DIFFICILI

Diversi tra i miei più antichi alunni e laureati più bravi fanno i maestri, maestri con la emme maiuscola, come diceva di sé con orgogliosa ironia Leonardo Sciascia, e di loro ho in gran parte notizie attraverso le pagine della «Vita scolastica» cui spesso, vedo con piacere, collaborano. Con qualcuno però il rapporto di studio e lavoro resta più continuo e mi avvantaggio indirettamente delle loro preziose e dirette esperienze. Così sento da Franco De Renzo che i bambini della classe in cui insegna, invitati a disegnare un'immagine della «casa», con sua sorpresa hanno disegnato ciò che forse anche lettrici e lettori di «Insegnare», suppongo, avrebbero disegnato nei loro giovani anni e avrei disegnato io, nei miei più remoti: un rettangolino, magari un po' sbilenco (parlo per me) poggiato a terra su un lato corto; un triangolino poggiato sopra l'opposto lato corto a simulare un tettuccio a spiovente, con un simulacro di fumaiolo e uno sbuffo di fumo fuoriuscente; a filo della linea del terreno una U capovolta come porta e a lato della U capovolta, un po' in alto, due quadratini, uno a destra e uno a sinistra, a simbolo delle finestre. Nei più fantasiosi o pedanti, in alto sopra la casa può esserci un sole (e non devo dire fatto come: un approssimativo cerchietto aculeato), l'evocazione di qualche nuvola e, specie se disegnano le bambine, qualche coppia di semicurve a indicare rondini, gabbiani o altri alati.

La signora Rosch, se coltivasse ancora gli studi di psicologia e semantica cognitiva, potrebbe essere felice. Secondo il suo ormai classico studio di vent'anni fa, *Principles of categorization*, è vero che i sensi (i riferimenti alle cose) si aggruppano nel significato di ciascuna parola in modo assai libero, come avevano insegnato, indipendentemente, un linguista come Saussure e un filosofo linguista come Wittgenstein. Ma non in modo sregolato e anarchico. Se mettiamo sotto gli occhi di qualcuno una serie di volatili e di altri esseri e chiediamo quale tra di essi merita il nome di *uccello* vedremo che i più gettonati sono i passerotti, le rondini e la aquile. E i gabbiani? Sì, anche i gabbiani sono uccelli. E i colombi? Beh, stanno un po' troppo a terra a zampettare, ma anche loro entrano nella categoria. E galli e galline? La loro uccellosità comincia a essere dubbia, quantunque non negabile. E i pinguini? Siamo al limite. E i pipistrelli? E l'ornitorinco? L'ornitorinco ha il becco come un'anatra, fa le uova, ma ha troppe diversità e per spiegare come lo inquadriamo Umberto Eco ha dovuto scrivere un intero saggio, chiedendo soccorso a Kant e alla semiotica (lo si legge in *Ai limiti del linguaggio*, a cura di Raffaele Simone e altri, Laterza, Roma-Bari 1998). Nel cerchio del significato della parola *uccello* ci sono al centro gli uccelli prototipici, passerotti e rondini, intorno uccelli crescentemente periferici, fino agli uccelli marginali e agli esseri e altre entità che, per qualche loro caratteristica avvertita come più o meno naturalmente saliente, può capitare di evocare con questa parola, e c'è poi l'infinito cosmo dei non uccelli.

I bambini di De Renzo disegnano non la loro casa, non una casa, ma LA casa prototipale. La cosa non è affatto ovvia. I bambini di De Renzo non vivono a Soraga o a Cogne o a Castrovalva e nemmeno in Svizzera o in altri luoghi del pianeta in cui le case somigliano da vicino al loro disegno. Vivono tra i casermoni di una mezza periferia romana. Da dove hanno ricavato i tratti del loro prototipo di ciò che diciamo *casa*? Per quali vie riempiamo di senso le parole che ereditiamo dalla comunità linguistica in cui nasciamo e ci formiamo?

E quanto conta avere o no una parola o due parole diverse per riferirci a un certo campo di esperienze? Nel numero di marzo del «Giornale italiano di psicologia» Alessandra Erba, Marco Zorzi e Carlo Umiltà tornano a mostrare quanto pesano i fattori semantici e lessicali nella categorizzazione percettiva. Negli esseri umani che parlano una data lingua la percezione di oggetti e l'aggregazione delle percezioni in «buone forme» non è esente dall'influenza di fattori linguistici. È una delle tante schegge fattuali che ci permettono di intravedere che il linguaggio non ha funzione puramente ancillare rispetto a esperienze e conoscenze precostituite.

Qual è il gioco di mutui condizionamenti dell'esperire non linguistico, del linguaggio e delle forme non linguistiche di organizzazione delle conoscenze? Le risposte, certamente difficili quanto difficili sono le domande, riguardano direttamente chi attende a formazione e insegnamento. Con un certo coraggio, ma con buone ragioni i Giscel (Gruppi di intervento e studio nel campo dell'educazione linguistica) hanno deciso di dedicare a cercare e vagliare queste risposte il decimo congresso nazionale (Napoli 2000).

maggio 1998

16.
«THINK DIFFERENT», MA «SPEAK SIMILAR»

Una celebre industria di computer ha lanciato nel mondo una campagna il cui slogan è: «Think different». È, vuole essere un richiamo alla positività del saper essere mentalmente non conformisti, divergenti. Einstein, se non rammento male, lo consigliava agli studiosi ma, non senza saggezza, con un limite: «Provate a pensare il contrario della maggioranza dei vostri colleghi, per due ore al giorno».

Per chi ha interesse a insegnare l'abbicì e il far di conto a bambine e bambini accendendo la loro intelligenza, le grandi, forse contenibili, certo non arrestabili ondate migratorie stanno creando condizioni ottimali per sperimentare in classe, dal vivo, che cosa significhi *pensare* davvero «different», cioè *vedere*, *sentire* e *collegare* le cose in maniera spontaneamente divergente. Non so a che punto sia la realizzazione della previsione fatta parecchi anni fa da demografi secondo cui nel 2005 un terzo della popolazione europea occidentale sotto i vent'anni sarà fatta da immigrati e figli di immigrati. Ma anche in Italia sono ormai remoti gli anni della disattenzione per il fenomeno, sensibile a tutti, anche se ancora lontano dall'imponenza che ha da decenni in Francia, Germania e Gran Bretagna.

Un numero recente di «école» dedica ampio spazio a documentare la realtà delle bambine e dei bambini immigrati, dentro e fuori la scuola nelle città italiane. Una piccola cosa che si può fare, e ha aiutato sempre e aiuta non poco nel lavoro in classe, è scoprire e far scoprire e mettere in luce e in valore le reali differenze di cultura, modo di vivere, di cucinare e mangiare, di mentalità, di memorie: il «different thinking», appunto (e anche il «different feeling»). Ma anche la via complementare è preziosa. Nelle differenze ci sono similarità originarie? Le lingue e i dialetti sono arsenali ricchissimi, «un magazzino de dogana», diceva Gioachino Belli, di diversità e similarità.

Le similarità grammaticali e sintattiche, più astratte, più difficili da cogliere, anche per l'insegnante, possono essere materiale utile per le classi finali della scuola di base, e oltre. Ma le similarità lessicali sono di accesso assai più facile. Basta consultare un buon dizionario, Zingarelli, Garzanti, Le Monnier, Disc, Palazzi ecc. (e tanto più facilmente le loro versioni elettroniche con programmi intelligenti di selezione dei dati) per raccogliere parole che vengono all'italiano dall'*arabo*, *parto e siro* e che sono vive *in suo sermon*.

È un po' meno facile, in questo cammino complementare della ricerca di similarità, andare in senso inverso: dare a bambine e bambini che vengono da terre lontane, con lingue remote dalla nostra, il senso di quante parole adoperano, nel loro vivere quotidiano, che vengono dall'italiano o che, in italiano e nelle loro lingue, arrivano da latino (e greco), francese, inglese.

Ma anche nel caso delle lingue più lontane e meno permeabili ai prestiti (le parlate cinesi, l'arabo classico scritto) qualcosa si pesca e si può valorizzare. A condizione di rompere la quiete di qualche specialista, stanandolo e interrogandolo. Così, spinto da un gruppo di insegnanti, ho provato a fare anche io per l'arabo. Naturalmente l'italiano, come ogni altra lingua europea, gronda di arabismi e ne grondano in più alcuni dialetti, come oramai è facile accertare coi dizionari che dicevo: gli arabi ci sono stati maestri di calcolo, astronomia, cucina, idraulica, edilizia, filosofia.

Il cammino in senso opposto è meno facile. Come il cinese mandarino, l'arabo classico è una lingua poco disposta ad accogliere prestiti, ma preferisce seguire la via degli ampliamenti di significato di parole del fondo tradizionale arricchite dal significato di parole straniere: è l'antica via di parole d'aspetto ed etimo latinissimo (*calculus*, *casus*, *constitutio*, *elementum*, *putare*, *ratio*) il cui significato è tutto (o quasi) greco. Un primo sondaggio, con l'aiuto del *Learner's English Arabic Dictionary* di F. Steingass, aveva dato risultati striminziti. Poi, passando dall'arabo degli scrittori all'arabo dei giornali (con l'aiuto di Marco Mancini e di un buon lavoro di Guido Cifoletti), il panorama si è arricchito. Gli «europeismi» sono in buon numero. Citerò qui solo quelli sicuramente italiani (rendendo la *s* con la pipetta all'inglese, con *sh*), e lasciando da parte la folla degli europeismi comuni, come *asfalt*, o *dêmôqrâtiyâ*, o *vîrûs*: politica: *fâshistî*; scienze e tecniche: *'ammôniya* «ammonio», *'asmant* «cemento», *battârîya*, *bôbîna*, *dînâmû*, *fôlklôr*, *kômbyûtir*, *mâkina*; medicina: *'infuluwanza*; architettura e mode: *balkona*, *kalsêta*, *krêma*, *môda*, *furshîna*, *kâbîna*, *kômôdînô*, *kûbêrta*, *môbîlya*, *sâla*, *villâ*, *vitrîna*; commercio: *bôrsa*, *fâtûra*, *kambiyâla*, *kâsa* «cassa», *mârka*, *tazzina* «dozzina»; musica e spettacolo: *biyânô* «piano», *kômêdiyâ*, *mîlôdrâma*, *'ôbirâ*, *ôrkistrâ*; alimentazione: *rîkôttâ*, *salâta*, *sardîna*, *sbagîtti* «spaghetti», *shîkôrya*; giustizia e affini: *brôva* «prova», *fâlsô*, *jandarma*, *mêdâlya*. Infine, in cambio di *algebra* e *algoritmo*, una delle parole per «numero»: *nimra*.

giugno 1998

17.
LA LINGUA MUTA

Nei giorni del Palio di luglio, a Siena non ha vinto solo l'Oca. Stando ai giornali hanno vinto anche il greco e il latino. Una bravissima francesista, Jacqueline Risset, definita nelle cronache «italianista», studiosi di archeologia assiro-babilonese e ben due ministri dell'istruzione e/o educazione dell'Unione Europea si sono riuniti in un ameno intorno della locale università e hanno deciso che studiare latino e greco non ostacola il progresso sociale. Chi di noi ama le frequentazioni classiche, ma vorrebbe sentirsi ed essere democratico e progressivo, può rifiatare. Apprezzare Alceo non è incompatibile col suffragio universale, il *De causis linguae latinae* non osta alla introduzione di una tassa patrimoniale, come da qualche parte qualcuno deve avere creduto e forse detto.

Ma vi è di più. Intervistato da una persona dolce e precisa come Silvia Ronchey, il ministro Luigi Berlinguer ha annunziato che nella scuola del futuro il greco e il latino, intesi come lingue, saranno studiati solo da studenti «specialisti». Mentre tutti, proprio tutti, fin dalle elementari potranno avere notizia della cultura e della storia delle civiltà classiche. Ha detto esattamente il ministro: «Vi sarà una scuola di specialisti, in cui verrà mantenuto per cinque anni l'insegnamento di greco e latino. Nel resto della scuola, a livello liceale, ma anche medio ed elementare, punteremo a fornire del mondo classico una conoscenza non linguistico-letteraria, ma storica e culturale».

La cosa ha fatto notizia. Addirittura il giornale di Torino

«La Stampa» ha dedicato all'evento un titolo a sei colonne: *Studiare greco e latino non è da reazionari*.

Qualche considerazione marginale. Una, sui futuri che il ministro adopera. La scuola che «vi sarà» sembra pari pari la scuola che «c'è»: latino e greco al classico; solo latino allo scientifico (forse qui dalle parole del ministro potrebbe evincersi una novità: la soppressione del latino da solo); e per il resto, come da oltre un secolo facciamo, ratti delle Sabine, «ecco i miei gioielli», *Veni vidi vici* (forse qui si prefigura un'altra novità: tranne gli specialisti, gli altri studieranno *Venni, vidi, vinsi*) e poi, su su, Talete l'acqua, Eraclito l'oscuro, Senofane di Colofone, Platone le idee, Epicuro lo sporcaccione, gli ozi di Capua, Terenzio gli preferivano i pugili, Cicerone oratore, *o tempora o mores* e, insomma, da terza elementare in su, «una conoscenza storica e culturale» del mondo classico. Licei, oramai, compresi.

Seconda considerazione. Non la scuola, ma l'università italiana è piena di persone che considerano un gadget aggiuntivo lo studio della lingua dei popoli, delle epoche e delle letterature di cui si occupano. Valorosi colleghi che insegnano lingue e letterature straniere europee usano come bandiera una formula: «Non siamo la Berlitz». Altri dicono: «Mica prepariamo portieri d'albergo». Essi pensano che la Berlitz faccia un lavoro troppo banale. E ritengono altrettanto banale fare il portiere d'albergo. Due falsità. Ma loro, comunque, studiano e insegnano critica letteraria di autori e testi la cui lingua è data per scontata: troppo misera cosa per l'università. Del resto, un paio di concorsi fa il Cun, organo di autogoverno delle università, approvò gli atti di un concorso di lingua e letteratura cinese da cui risultava che i vincitori il cinese non lo sapevano, ma della Cina avevano appunto «una conoscenza storica e culturale».

Dunque, anche per questo aspetto nessuna novità, caro ministro, ma consonanza profonda con gli orientamenti altrettanto profondi della nostra cultura. E, del resto, che ministro democratico sarebbe uno che tale orientamento, profondo e maggioritario, volesse contrastare?

Forse si può spingere più avanti la riflessione. Come osservò il corrispondente del «Times» mandato a Roma subito dopo la breccia di Porta Pia, i giornali italiani negli stessi mesi erano pieni di articoli da cui si ricavava che l'unità politica dell'Italia era stata fatta sì in nome dell'unità di lingua del Paese, ma che, in realtà, la lingua unitaria quasi nessuno la conosceva (l'8,9% della popolazione dice Arrigo Castellani, il 2,5% dicono altri più pessimisti). Questo abbiamo nel nostro patrimonio genetico nazionale: «uni di lingua» senza praticare la lingua per cui sostenevamo di essere «uni». Sicché potrebbe dirsi che insistere troppo sul fatto che lo studio e la persistenza di una cultura e civiltà implichi la conoscenza della correlativa lingua non solo è antidemocratico, in quanto contrasta con diffusi orientamenti maggioritari, ma per sovrappiù è anche antipatriottico e antinazionale. E il cuore non basta a reggere a tanta accusa.

luglio-agosto 1998

18.
LE LINGUE STRANIERE E UN VECCHIO ANEDDOTO CROCIANO

Come il ministro Berlinguer ha annunciato in una conferenza stampa del 20 luglio scorso, dall'anno che ora inizia ottantamila studenti e cinquemila insegnanti si cimenteranno, fuori dell'ordinario curricolo, nello studio di una seconda lingua straniera. Sarà una delle lingue dell'Unione Europea, per ora – speriamo solo per ora – soltanto una delle quattro maggiori: francese e inglese, spagnolo e tedesco. Si tratta di un progetto sperimentale. È limitato alle scuole pubbliche. E l'insegnamento, ha detto il ministro, avrà una prevalente «finalità pratica».

Sono molti i motivi per guardare con simpatia al progetto e seguirlo, nel suo svolgersi, con grande attenzione critica.

Anzitutto, c'è l'offrire alla consapevolezza pubblica e delle scuole (alunni e insegnanti) che le lingue dell'Europa non sono solo l'inglese e, in subordine, il francese. Non trascuriamolo: è un primo passo per renderci collettivamente consapevoli che le lingue da sapere, perché vive tra centinaia di milioni di persone con cui abbiamo rapporto, sono tante. Bisogna pure cominciare a camminare sulla strada degli altri Paesi europei.

Un giorno, chissà, sarà possibile (nel 2010?) ammettere all'insegnamento nelle nostre scuole anche altre lingue con cui abbiamo estesamente a che fare, attraverso l'immigrazione, i rapporti di prossimità, il commercio, gli affari e la cultura. E attraverso le comunità linguistiche minoritarie di antico insediamento. Ma questi sono sogni a occhi aperti di chi immagina che l'Italia possa celermente diventare simile ad altri Paesi europei. Contentiamoci per ora delle quattro maggiori lingue ufficiali dell'Unione.

La sperimentalità del progetto, cui, se mal non capiamo, sovrintenderà un gruppo di lavoro centrale, comporta il suo limitarsi alle scuole pubbliche. Non è una malvagità laicista, è inevitabile: le private restano chiuse con sette sigilli a chiunque voglia cercare di capire che fanno e che risultati formativi hanno. Parole della Costituzione a parte, è uno degli ostacoli più gravi ad accettare l'idea del finanziamento pubblico alle scuole private. Un progetto saggiamente sperimentale non può non essere accompagnato, invece, da una piena trasparenza sul suo svolgimento e sui suoi risultati. Ciò esclude in partenza, allo stato delle cose, le scuole private.

Ancora un motivo di apprezzamento. Il ministro ha detto che l'insegnamento avrà «finalità pratiche». Soprattutto negli ambienti universitari che dovrebbero occuparsi della formazione dei futuri insegnanti di lingue la cosa, se non passerà inosservata (c'è da augurarselo?) farà clamore. Già in un recente *minimum* mi è accaduto di ricordare che singoli docenti e interi corsi di laurea di lingue e letterature straniere considerano con orrore occuparsi della «finalità pratica» dell'insegnamento delle lingue. Qualche anno fa ho ricostruito, collaborando con Patrick Boylan, la triste istoria (e, spesso, nonstoria) dell'insegnamento delle lingue straniere nelle scuole italiane: ignorate (peggio, dunque, dell'istruzione tecnica) nella legge Casati, ammesse nel 1870 solo per i ragionieri, ammesse poi nel triennio inferiore dei ginnasi nel 1889, introdotte dal ministro Baccelli nel 1898 nelle superiori, ma subito dopo (nel 1900) risoppresse, reintrodotte infine, con limitazioni varie, in parte delle superiori al termine del decennio giolittiano. Chi in questa fase e poi le difese, dovette ricorrere ad argomenti spiritual-protocognitivisti: studiare le lingue straniere affina le capacità mentali. E doveva sottacere la «finalità pratica», la pratica importanza del sapere in pratica praticare una lingua diversa dalla propria, che urtava le spirituali suscettibilità teorico-cognitive del nostro *establishment*.

Naturalmente è ben vero che la pratica di una lingua straniera, oltre ai pratici vantaggi personali e sociali, consente, a chi studia, un ampliamento spesso radicale dei propri orizzonti mentali e culturali, è una ricchezza dello spirito. Da questo punto di vista è sbagliato due volte il dispregio in cui ancora oggi troppi colleghi universitari di lingue e letterature straniere tengono la pratica capacità di usare l'idioma di cui sono o dovrebbero essere docenti. È sbagliato per il motivo anzidetto. Ed è sbagliato per il motivo che traluce al fondo di un aneddoto crociano.

Si racconta che un ancor oggi noto critico e storico delle nostre patrie lettere andasse un giorno da Benedetto Croce per confidargli la stanchezza di doversi occupare sempre e solo di letteratura italiana, della quale, ebbe a dire al Croce, aveva esplorato ogni autore e momento. Di conseguenza, disse, contava in futuro di dedicarsi alla storia e critica della letteratura francese. Croce restò qualche istante in silenzio, forse soppesando i contributi italianistici del critico. E poi, con un mezzo sospiro, disse: «Eh, sì, facite bbuono: ma prima però v'avite 'a studià o francese».

settembre 1998

19.
MISURA PER MISURA

«Come è noto alle SS.LL.», dicono le circolari che implacabili per stile minace e quantità continuano a partire da tutti i ministeri, Istruzione compreso, nonostante più di un governativamente autorevole *ukaz* rivolto a vietarle. Come è noto a lettrici e lettori di questa rivista, durante l'anno scolastico 1998-99 cominceranno a essere applicate le nuove regole dell'esame di Stato al termine delle medie superiori come è previsto dalla legge 425 del 10 dicembre 1997 e dal decreto governativo del 23 luglio 1998.

Il cammino dell'applicazione è scandito da varie tappe, si snoderà per alcuni anni e un momento importante si avrà dopo i primi tre anni, quando si verificherà come avrà funzionato il nuovo esame. Non vorrei sottovalutare nemmeno per un istante lavoro e fatica che insegnanti, segreterie, pezzi di ministero e provveditorati dovranno fare dal punto di vista amministrativo, procedurale, didattico, valutativo e nemmeno lo sforzo di attenzione e i rinnovati impegni che si chiedono a ragazzi e ragazze che frequentano le superiori e anche alle loro famiglie. Perfino i giornalisti, che a volte si fanno quasi un vanto di non sapere niente di quello di cui parlano o su cui intervistano, c'è il rischio che debbano preliminarmente leggere qualche pagina (un libro?) prima di scrivere i loro pezzi detti di colore sui nuovi esami.

Ma c'è una fatica più grande, più problematica da fare, a mio avviso, perché il nuovo esame funzioni e funzioni bene davvero: ed è una fatica di natura culturale, propriamente intellettuale, che ci coinvolge tutti, che attraversa tutte le corporazioni interessate e gli strati sociali coinvolti. Ci attende un generale corso di recupero. Dobbiamo recuperare non come singoli, ma come comunità alcuni decenni di ritardo rispetto al momento in cui furono elaborate e definite le proposte culturali e formative che oggi la legge e il decreto fanno proprie e, più ancora, ci chiedono di fare nostre nella pratica dello studio, dell'insegnamento, della valutazione e perfino dell'osservazione e commento. Consideriamo per ora soltanto un primo punto, decisivo.

La legge del Parlamento e il decreto ministeriale che la attua ci chiedono di cambiare profondamente il nostro modo di valutare i risultati dei processi formativi. In uno dei suoi acuti interventi in «Sapere» Silvia Tamburini prende in giro il vizietto di professori e politicanti che a ogni pié sospinto parlano di «rivoluzione copernicana». Rinunciamo a Copernico, espungiamo dal nostro dire la trita *ottica* e il consunto *paradigma*, ma, insomma, prepariamoci a cambiare profondamente. Da una valutazione fondata su percezioni globali e intuitive tocca passare a una valutazione che per tutto il possibile nascerà dall'aggregazione di diverse misure del profitto, tutte a loro volta disarticolate nei loro momenti, trasparenti, ripetibili e, quindi, verificabili.

Per insegnanti formatisi in prevalenza in facoltà umanistiche dove l'esame prototipale è l'esame confessionale, occhi negli occhi, sussurrio di domande e risposte, sintesi docimologica finale inappellabile e incontrollabile (in alcune facoltà *à la page* l'informatizzazione ha cancellato perfino i vecchi buoni verbali chirografi che serbavano almeno una traccia delle domande fatte), sarà dura capire che esiste un diverso modo di esaminare.

È passato quasi mezzo secolo da quando Aldo Visalberghi pubblicò nelle Edizioni di Comunità un limpido libro, *Misurazione e valutazione nel processo educativo*. Chi insegnava e, per la grande chiarezza e affabilità del libro, anche chi studiava veniva portato a riconsiderare i modi tradizionali della valutazione formativa fondata su percezioni globali, intuitive, e sfociante in classificazioni e voti inadatti a dichiararsi nella loro composizione, nei loro fattori. Il libro proponeva con molti e ricchi esempi concreti la via di prove oggettive che consentissero di misurare in modo esattamente ripetibile e verificabile conoscenze e competenze acquisite dagli allievi e la loro destrezza nell'utilizzarle anche creativamente, in compiti anche nuovi, non ripetitivi. Una quindicina d'anni dopo un bel libretto di Marta Fattori si incaricò di mostrare che anche la fascinosamente sfuggente creatività poteva essere misurata.

La valutazione educativa, spiegò Visalberghi, non si riduce a misurazione. Ma trova nella misurazione la sua base, lo strumento per rendersi controllabile e comprensibile. Non voglio togliere niente ai docimologi *up-to-date*, del resto in buona parte allievi proprio di Visalberghi. Ma perché il ministero non promuove ristampa e diffusione dell'ormai remoto libretto?

ottobre 1998

20.
DELLA SFERA IL VOLUME QUAL È?

Di recente a Corigliano Calabro, col Cidi locale, la provincia e il comune e tanti amici, abbiamo ricordato la figura di Carmine De Luca e il suo lavoro intelligente e concreto per la scuola, per la letteratura, per l'infanzia. Ognuno che parlava ha cercato di trattare d'un aspetto della sua attività. A me, mentre mi sforzavo di seguire una delle piste più singolari che con Carmine stavamo percorrendo, è capitato di rammentare l'uso scolastico, comune un tempo, dei versetti mnemonici di varie materie. Ne ho citato alcuni, spesso incomprensibili se non si sa già bene di che trattano, in uso ancora poco più d'un secolo fa, come «L'imperfetto dà l'aoristo / senz'alcun raddoppiamento, / che sua lunga rende lento / come in più sempre s'è visto». Altre minipoesiole meno insensate hanno resistito più a lungo, come «Spero, promitto e iuro ecc.». Una ha certamente resistito fino a non molti anni fa ed è quella il cui primo verso dà titolo a questo *Minimum*. Parlando a Corigliano ho cercato di sollecitare l'uditorio, sicuro d'averne la risposta, a dire il seguito del celebre versicolo mnemonico. Mi aspettavo un divertito coro. E invece mi sono trovato dinanzi a un imbarazzato silenzio, rotto solo dai conati incerti di qualche persona che ricordava di avere saputo una volta il seguito e cercava di ricostruirlo. Sono rimasto anch'io muto, imbarazzato a mia volta. Solo dopo molti secondi da un angolo della sala è risuonato finalmente «quattro terzi pi greco erre tre».

Dunque siamo a una svolta epocale. Nel suo indimenticato (almeno per me) *Ricordi di scuola* Giovanni Mosca diceva che, passato appena qualche giorno dall'esame di maturità, per la generalità della popolazione italiana più istruita (ingegneri e contabili a parte) dei tredici lunghi anni di aritmetica, algebra, geometria non restava più niente tranne la memoria (diceva Mosca) di un'arida distesa desertica, da cui (diceva) spuntava un unico fiorellino: i due versi «Della sfera il volume qual è? Quattro terzi pi greco erre tre». Anche quel fiore, ora, è appassito?

Come che sia, lo scarso o nullo livello di competenze matematiche anche elementari di molte persone anche colte è un dato difficile da contestare. Eppure nessun'altra materia si studia così a lungo e initerrottamente nella nostra scuola elementare, media e superiore.

Ci sono ipotesi interpretative del fatto? A me pare di non saperne vedere che una, legata a una cosa già accaduta più volte in diversi di questi *Minima scholaria*: *La mano banausica*, *Alla fine fu la parola*, *Democrito è ancora tra noi*, *Il bambino senza mani e le patate*, *Bambini*, *case*, *uccelli e domande difficili*. La nostra scuola dalle elementari all'università soffre alla radice di un impianto platonico-contemplativo e verbalistico. Non conta il sapere mettere a frutto quel che hai imparato ma saperlo (più o meno) ripetere. Saper ripetere quanto petrolio si produce in Siberia, ma non come fare a controllare un dato del genere e nemmeno saper trovare su un planisfero la pur enorme Siberia. Non decifrare passabilmente una scritta latina ma saper dire chi era Grattio Falisco. Non provare a cercare di vedere quanti cubi d'acqua ci vogliono per riempire una sfera col raggio eguale al lato del cubo, ma saper dire «quattro terzi pi greco erre tre» *per omnia saecula saeculorum*. Mai imparare a leggere da cristiano (mi si scusi la *political incorrectness*, dovuta al sostrato dialettale) un'ottava d'Ariosto, ma saper dire che la sua poesia ci ha l'afflato cosmico, il sorriso e il velo di malinconia, la strutturazione semiotica della crisi delle società signorili e altre cose che, messe così, non sono che miserabilità. Non ripetiamo più i versi mnemonici, ma ancora, nel prevalente uso scolastico, dalle elementari all'università, essenzialmente ripetiamo.

Per altri campi disciplinari, epigrafi latine comprese, accade però che il vacueggiare dei formulari ripetitivi possa riempirsi e si riempia a volte di esperienze dirette, concrete, vissute. Sentiamo per caso in televisione un bravo attore che recita bene un'ottava d'Ariosto e la fa capire, e, toh, guarda un po', eccotelo lì, il libro aveva ragione, ecco il sorriso, ecco il velo di malinconia e, a tender bene l'orecchio, perfino l'afflato cosmico. I numeri immaginari è più difficile trovarli sulle strade dell'ordinario esperire. Il carattere prevalentemente platonico-contemplativo e verbalistico dell'insegnamento probabilmente danneggia la matematica più che ogni altra materia perché più difficilmente ha correttivi.

Che fare? Certo, insegnanti che hanno incontrato sulla loro strada e hanno realizzato indicazioni che vengono, poniamo, da Lucio Lombardo Radice, possono dare e danno buone risposte. Con Paolo Guidoni, che ha accumulato già lunghe esperienze, e alcuni studenti stiamo cominciando a studiare in che modo è possibile battere strade diverse o, per dir meglio, perché e come sono diverse per bambine e bambini, e straordinariamente più efficaci, le strade di un'entrata costruttiva, manipolativa nel mondo delle quantità, delle misure, degli enti matematici. E che riflessi ha questo sullo sviluppo delle capacità di operare, di capire, di parlare. Se son rose fioriranno più e meglio del fiorellino appassito.

novembre-dicembre 1998

21.
MA DANTE ERA GUELFO... O... GHIBELLINO?

Dunque l'antico esame di Stato è morto. Sono ancora tra noi (*ad multos annos!*) quelli che lo hanno vissuto e che, come spesso raccontano, lo rivivono periodicamente in incubi notturni. Una commissione di esterni mai visti, addolcita poi nel dopoguerra dalla presenza di qualche interno, aveva il potere e il dovere di interrogare il candidato sui programmi di tre anni di corso. A mano a mano che la data degli esami si avvicinava anche i candidati più svagati e cinici, anche i più equilibrati, erano presi nel vortice di uno studio matto e disperatissimo. I giorni si prolungavano in veglie notturne di frenetici ripassi. Poiché tutto poteva essere richiesto, tutto occorreva fissare in qualche modo nella mente: il perissodattilo e Grattio Falisco, lo stile del Partenone e la battaglia di Valmy, le proprietà dell'acido solfidrico e le sizigie. Si trangugiavano pozioni e pillole miracolose per fissare a breve ogni genere di memorie irrelate e, quindi, apprese e conservate come insensate e, come tali, in generale presto dimenticate.

Hanno provato in diversi a raccontare quell'esame. E, senza offesa per nessuno, a me continua a parere che una descrizione straordinaria si trovi in appendice a quel bel libro di umoristica pedagogia di non pedagogisti che era ed è *Ricordi di scuola* di Giovanni Mosca. Il culmine è l'esame di italiano:

PROFESSORE: Mi dica: Dante era guelfo... o... ghibellino?

GIOVANNINO: (Tra sé, ragionando velocissimo: Allora, dopo guelfo si è fermato. Però si è fermato anche prima di ghibellino. Però ha ammiccato mentre diceva ghibellino. Dunque, vuole che dica ghibellino. Già, ma certamente ha previsto questo ragionamento. Dunque, Dante era guelfo? E se avesse previsto anche questo mio secondo ragionamento? Già, ma se avesse previsto anche che... Beh...) Guelfo, professore!

PROFESSORE: Bravo, può bastare!

Parentesi: la questione che la domanda sfiora è notoriamente complicata per l'evoluzione degli atteggiamenti politici di Dante e della complessiva situazione politica italiana dell'epoca (dell'epoca?) intricata e piena di capovolgimenti di fronte. La domanda stessa era formulata in modo poco corretto e scorretta era la richiesta di una risposta secca. Ma il tipo di esame con pretese totalizzanti sollecitava l'esaminatore a fare domande del genere. Lo so che è assai poco docimologico dire quello che sto per dire: ma, come alternativa all'esame confessione sussurrato e sproloquiale, la nostra tradizione scolastica propende per domande come quelle del professore di Giovanni Mosca. Dagli archivi della memoria ne ripesco un paio: «L'Africa è un'isola o una penisola?» (il professor B. insegnava storia e filosofia e stava esaminando uno sciagurato ragazzetto alla licenza ginnasiale). E poi, domanda fatta da uno dei più giustamente illustri grecisti che abbiamo avuto: «Chi fu il più grande uomo politico greco?». Pericle no, evidentemente, troppo facile. Temistocle? Alcibiade? No e no. Fu, ma non c'è dubbio (disse il grecista), fu Milziade. E aggiunse: «E ora mi dica un po' perché». Silenzio dell'esaminato. Illustre grecista: «Perché pensava di fare la guerra preventiva».

Probabilmente una tradizione di domande del genere pesa non poco nel determinare preoccupazione e ostilità nei confronti di ciò che non per caso si chiama *quiz*, le prove strutturate, come strumento di rilevazione e base di valutazione delle conoscenze e competenze.

L'antico esame era luogo privilegiato per domande enigmatiche a risposta secca. E, come Mosca stesso testimoniava (lo ho ricordato a proposito dell'analfabetismo matematico nel precedente *Minimum*), il tipo di preparazione che sollecitava conferiva assai poco al permanere di tracce formative rilevanti in età adulta. Ora, grazie all'impegno di Benedetto Vertecchi e del Cede che hanno recuperato *in extremis* la possibilità della partecipazione italiana, avremo dati attendibili sui livelli di competenza degli adulti italiani nel quadro di una grande indagine comparativa internazionale. Forse riusciremo a farci un'idea meno intuitiva di molte cose. Forse potremo sondare a quanti sudati otto in greco dell'esame antico corrisponde negli ormai anziani qualche reminiscenza di quella lingua. Quanta capacità di capire se 3/4 è o no più piccolo di 2/3, dopo 13 anni di matematiche.

Il nuovo esame di Stato non si limita a seppellire il ridicolo e devastante esame di *Ecce Bombo*, che si doveva «sperimentare» per due anni ed è durato per trenta. Il rischio era che la pietra tombale potesse essere la semplice restaurazione dell'antico. Ma non è così e, di là di qualche macchinosità, riflette un'idea di conoscenza e competenza come risultato organico di un lungo itinerario formativo, come capacità di correlare (*intelligere*) e correlare dinanzi al nuovo, e non come sommatoria di nozioni staccate da rievocare a comando.

gennaio 1999

22.
«AQUA MAGISTRA VITAE»

«Io non ho allievi»: vecchio, amava dire così di sé uno dei maggiori filologi romanzi del nostro secolo, Leo Spitzer, che, costretto dal nazismo a fuggire dalla Germania, aveva fatto scuola qui e nella sua Austria, negli Usa e, indirettamente, in Francia, Spagna, Italia. Se qualcuno gli chiedeva spiegazioni, Spitzer diceva con un dolce sorriso ironico che era ben lieto, naturalmente, di avere accompagnato più d'un giovane ingegno nei primi passi della ricerca, ma quale poi dovesse essere il cammino, a questo ognuno poteva, sapeva e doveva provvedere da sé. Lui non aveva nessun *credo* da proporre. Aveva idee, ipotesi, argomenti a sostegno: materia di discussione e di ricerche anche in contrasto, non di adesione discepolare.

Si dirà che questo riguarda un fare scuola «alto», non la pratica di insegnamento d'ogni giorno. Dirò alla fine che, forse, non è così. Ma non è questo il motivo per cui ho rammentato il disagio degli allievi di Spitzer dinanzi a un maestro renitente a farsi fissare in un certo ruolo e in una certa dottrina una volta per tutte. Lo ricordo per collegarlo a quel che da qualche anno sta avvenendo in un settore chiave degli studi del linguaggio e della mente. Qui una personalità leader, il più noto dei linguisti di oggi, Noam Chomsky, ha annunziato in lavori tecnici e in scritti di più ampia destinazione mutamenti sostanziali delle posizioni teoriche elaborate negli anni. Una sintesi può ora vedersi in un capitolo interamente nuovo, intitolato *Nuovi orizzonti nello studio del linguaggio*, scritto per una nuova edizione di *Linguaggio e problemi della conoscenza* (Il Mulino, Bologna 1998, pp. 147-65).

Non è questo il luogo per sfiorare la complessa elaborazione dei nuovi punti di vista del caposcuola della linguistica generativa. Il curatore dell'edizione italiana, un giovane e valoroso linguista milanese, Andrea Moro, nelle note di accompagnamento al volume, come già in scritti più tecnici, insiste sulla presenza di elementi di continuità tra il Chomsky noto e il nuovo. Penso che abbia ragione, e su un elemento mi fermerò tra breve. Ma evoca anche, correttamente, il disagio degli allievi più fedeli dinanzi a radicali mutamenti d'orientamento del maestro. Su che giurare, se i credo e i modelli diventano indicazioni di ricerca?

Eppure, chi avesse voluto, avrebbe potuto cogliere un orientamento del genere, cauto e critico, già in lavori remoti dello stesso Chomsky, per esempio nelle pagine finali di un saggio fondamentale come *Formal properties of grammar*. O nelle reiterate messe in guardia contro un uso meccanicamente didattico delle ipotesi e tesi teoriche. Del linguaggio e, forse, di ciò che diciamo mente o intelligenza ne sappiamo abbastanza per capire che negli individui l'uno e l'altra crescono e si sviluppano su piani non raggiungibili da ricettari didattici estratti da questa o quella teoria linguistica o cognitivistica. Ma, nell'insegnare, possiamo evitare errori, e nell'evitarli è indispensabile una buona formazione degli insegnanti nei campi della linguistica e della psicologia.

Qui, addirittura, elementi di continuità ci sono tra le diverse fasi del pensiero di Chomsky e le idee dell'antico caposcuola dei linguisti americani, poi, forse, un po' troppo affrettatamente seppellito: Leonard Bloomfield. In uno scritto del 1925, che auspicava la creazione di una «linguistic society» mista di ricercatori e di insegnanti delle scuole primarie e secondarie, Bloomfield scriveva: «Le nostre scuole sono guidate da persone che, dai professori di pedagogia fino ai maestri nelle classi, non sanno niente dei risultati della scienza linguistica, neppure sulle relazioni tra scritto e parlato, oppure tra lingua standard e dialetto. In breve, non sanno che cos'è la lingua, eppure devono insegnarla; e di conseguenza, fanno sprecare anni di vita a ogni ragazzo, e ottengono risultati ben poveri...».

È necessario un accurato studio da parte degli insegnanti e non servono ricette da imporre agli alunni in classe. Chomsky mi pare vicino a questo punto di vista, ora ancor più di prima, quando, rispondendo a un interlocutore, riprende un paragone a lui caro e dice:

> Ciascun organismo ha bisogno di un ambiente ricco e stimolante perché le sue capacità naturali possano emergere. Ancora una volta, per tornare all'immagine dell'insegnamento come all'atto di permettere a un fiore di crescere bene, il fiore, se non gli viene data acqua, non crescerà per diventare un fiore. Non significa che impara dall'acqua a essere un fiore, se fosse stato un albero avrebbe utilizzato la stessa acqua per diventare albero. Più o meno lo stesso capita nel caso dello sviluppo degli esseri umani, compreso lo sviluppo del linguaggio e del pensiero.

E scrive altrove: «Come ogni buon insegnante sa, i metodi dell'istruzione e la quantità di programma sono questioni di poca importanza (attenzione: poca non vuol dire nessuna) se confrontate con la capacità di suscitare la curiosità naturale degli studenti e di stimolare il loro interesse a compiere ricerche in modo autonomo».

Molti anni fa Mario Lodi protestava contro gli insegnanti che dicono «i *miei* alunni», «la *mia* classe». Le differenze tra alto e basso, seminario *privatissimum* e aula di scuola per l'infanzia, si azzerano. Ogni buon maestro (minuscola o maiuscola che sia la *m*) deve dire, come il grande Spitzer, «Io non ho allievi». Ma, per carità, che non sentano al ministero.

febbraio 1999

23.
LA SCUOLA DELLE PAROLE

La logica dei vocabolari è quella dell'alfabeto: una logica implacabilmente egualitaria. Lo ricordava «il favoloso Gianni», Rodari, in una delle sue più mirabili poesie. Nella stessa pagina sono costretti a convivere, diceva Rodari, l'*imbianchino*, l'*imperatore* e l'*impiccato*. Se poi alla logica dell'alfabeto si somma la logica produttiva della redazione combinata con quella nient'affatto affabile della radicale informatizzazione di tutti i materiali in tutte le fasi del lavoro, può capitare che questo, il lavoro di preparazione del vocabolario, cominciato tanti anni fa con alcune migliaia di «grandi voci» di base e poi, a tappeto, con le lettere e ed effe, regredito verso la a, andato avanti in buon ordine alfabetico fino a enne, saltato poi al settore ti-zeta, vada a finire con la lettera esse. Così è accaduto nel caso di un grosso vocabolario in molti volumi cui lavoro da una quindicina d'anni, sicché, mentre smaltisco dal tavolo di studio gli ultimi pacchi degli oltre duecentocinquantamila lemmi e intreccio le ultime frenetiche telefonate con la redazione di Torino e con i collaboratori più preziosi, sparsi tra Londra, Genova, Salerno e Viterbo, la mensile telefonata di sollecito del *Minimum* mi raggiunge mentre rivedo e correggo un quasi ultimo pacco di voci che comincia con *scoccia* – e finisce con *scoop*. La telefonata mi chiede il *Minimum* e mi offre soccorrevole un tema che suona un po' alla Ruggero Bonghi: perché la scuola italiana non è popolare in Italia? Perché mai da essa, come afferma Raffaele Simone, sembra inevitabile che promani un'aura di tedio?

La risposta non è facile. Ci vorrebbe non un *Minimum*, ma un *Maximum*, per esempio quella grande, sintetica storia scolastica d'Italia (non storia della scuola in Italia, ma storia d'Italia attraverso la sua scuola e non scuola), una storia a più mani (e più cervelli e competenze) che sognavamo di poter fare con Marino Raicich e di cui, negli anni, si è parlato con Giuseppe Talamo, Sabino Cassese, Nicola Rossi, Armando Petrucci, Nicola Siciliani de Cumis. Là, alla fine, potremmo anche trovare una buona risposta. Beninteso, se la domanda è giusta.

Ma: è giusta la domanda? Si può affermare come vero che gli italiani, di ieri e di oggi, non amano la scuola? Sì e no. Un'ipotesi che oserei avanzare è che, nel passato, certamente e forse ancora oggi, troviamo risposte sfrangiate a seconda della classe sociale: per lo meno in riferimento alla scuola di base, la spinta alla scolarità e l'implicito apprezzamento della scolarizzazione è stato assai forte tra i ceti più poveri, restati o tenuti più lontani dalla cultura intellettuale; e l'apprezzamento della scolarità è stato invece assai minore tra i ceti più avvantaggiati, non solo economicamente, ma anche dal punto di vista della cultura intellettuale. All'isolata canzoncina popolare «AEIOU/alla scola n' ce voglio i' cchiù», risponde una invece vasta serie di testimonianze di spregio e irrisione da parte della «classe dei colti». Ma, certo, ci vorrà altro per falsificare o verificare l'ipotesi.

C'è un altro fatto però ed è depositato nel pacco di voci dizionaristiche che ho avuto da ultimo sotto il naso. Ma, prima di indicarlo, occorre ricordare una vecchia regoletta euristica, della semantica storica e sincronica: per capire tra i molti sensi di una parola quali sono i dominanti in una certa lingua o epoca o area sociale, è utile guardare ai derivati della parola. Quando *classe* voleva dire soprattutto «categoria di entità» nacque *classificare*, quando volle dire «classe sociale» nacquero *classista* e, in tedesco, *Klassenkampf*... Detto questo, guardiamo ai derivati che oggi sono vivi e si affollano in un ampio dizionario italiano intorno a *scuola*. Aggiungerò un meno (–) a quelli con una spiccata valenza negativa: *scolare* «scolastico», *scolareggiare*– «comportarsi da scolaro», *scola-*

resca, *scolarescamente*, *scolaresco*–, *scolaretto*–, *scolarismo*– «adesione passiva, pedissequa a una corrente artistica ecc.», *scolarità*, *scolarizzabile*, *scolarizzare*, *scolarizzazione*, *scolaro*, *scolasticaggine*–, *scolasticamente*–, *scolasticheria*–, *scolasticismo*–, *scolasticità*–, *scolasticizzare*–, *scolastico* (spesso –), *scolasticume*–. I vocaboli con valenza negativa (li ho depurati dai derivati di *Scolastica*, denominazione della filosofia medievale) soverchiano nettamente i descrittivi neutri. E, nell'insieme, nessun vocabolo della serie pare avere una spiccata valenza positiva. Siamo lontani dall'atmosfera culturale e semantica dell'inglese che di *scholar* ha fatto la parola per designare chi noi diciamo *studioso*, *specialista*, *intellettuale* e certo non *scolaro*.

Certamente, anche in altre lingue europee nell'uso di questo o quel vocabolo connesso alla parola e nozione di 'scuola' affiorano valenze non positive. Ma in nessuna si registra una così estesa presenza di parole con valenza spregiativa o ironica. Così dunque il lessico della nostra lingua, il nostro stesso parlare sedimenta atteggiamenti collettivi non positivi nei riguardi della scuola e riflette un'idea di scuola come luogo di ripetitività, noia, mancanza di vitalità e originalità.

marzo 1999

24.
GRAMMATICA SÌ, GRAMMATICA NO

Come molte altre persone anch'io leggo sempre con gusto, diverse riviste educative, le note acute, istruttive e umorose di Giorgio Bini e Mario Alighiero Manacorda, due preziose guide della nostra vita intellettuale e della nostra cultura scolastica. Tutti e due molto attenti alle questioni di lingua e di stile, di correttezza e di eleganza, di grammatica e di educazione linguistica. Proprio alcuni loro recentissimi interventi inducono a ripensare ancora una volta a una questione cui potremmo smettere di pensare solo quando non ci sarà più scuola e, anzi, non ci sarà più linguaggio.

Grammatica sì o grammatica no? Ecco la questione. Grammatica sì, dicono, probabilmente, gli editori scolastici. E si capisce. Anni fa un vecchio amico, Luciano Manzuoli, procurò a «Riforma della Scuola» dati sulla diffusione dei vari tipi di libro di testo. I libri di grammatica erano il tipo di testo di gran lunga più ricco di titoli: le opere in commercio erano circa trecento. Non ho dati più recenti, e mi scuso. Ma non credo che i titoli siano diminuiti. Naturalmente «grammatica sì» dicono probabilmente in buona parte (immagino male?) anche le centinaia di persone coinvolte come autori. Due bei gruppi di pressione, senza dubbio.

E grammatica no? Sospetto che nessuno dica così con l'evangelico «no, no». I molti che non sono d'accordo col secco «grammatica sì» si costringono a una serie di distinguo, che richiedono attenzione e riflessione: cose che tolgono slancio al discorso.

Il primo distinguo riguarda il senso stesso della parola. Come tanti altri nomi di scienze, da *logica* a *fisiologia*, anche *grammatica* vuol dire due cose assai diverse: la cosa che si studia e la scienza che studia quella cosa. La coerenza dei pensieri e il manuale che rende esplicite le modalità di tale coerenza, il funzionamento normale di un organismo e la scienza che si occupa di tale funzionamento sono realtà ben distinte: e chi dice, poniamo, bisogna che fisiologia si studi solo dopo aver studiato anatomia, non è sospettabile di credere che fino a quel momento i giovani futuri medici e il restante genere umano abbiano organismi privi di fisiologia.

Il curioso è che, però, per l'appunto in altri settori la questione nemmeno si pone. Non così per la grammatica, a proposito della quale già Giuseppe Lombardo Radice si premurava di fare chiara la distinzione, poi ripresa dalla più moderna glottodidattica, tra *grammatica vissuta*, oggi la diciamo *implicita*, e *grammatica riflessa*, che oggi diciamo *esplicita*.

La grammatica vissuta o implicita è quella che regola la produzione e la comprensione degli enunciati e discorsi di ogni essere umano. In grande sintesi, si può dire che svolga tre compiti tra loro intrecciati, e fa ciò in modi in parte diversi dall'una all'altra lingua: 1) insieme alla collocazione dei vocaboli, aiuta a capire le relazioni che i vocaboli hanno tra loro; 2) sempre in compagnia della collocazione dei vocaboli, li riconduce alle grandi categorie grammaticali e sintattiche che una lingua prevede: in italiano ci aiuta, può aiutarci a capire se un vocabolo è un verbo o un sostantivo, se è un singolare o un plurale, se, essendo un sostantivo, indica il soggetto del verbo o il suo oggetto o un complemento; 3) mette in relazione il contenuto di una frase, il fatto di cui una frase parla, con chi parla e chi ascolta, col tempo e col luogo in cui la frase è realizzata, col contesto e la situazione in cui è realizzata. I sensi di ogni singola parola sono molteplici, come sapevano già l'antico Platone e il suo grande discepolo Aristotele. Come disse molti secoli dopo Leibniz, il fondatore della logica moderna e della filologia tedesca, le *significationes* delle parole sono *fluxae et parum constitutae*, fluide e poco stabilizzate. La grammatica vissuta argina, in parte, tanta fluidità.

La grammatica riflessa o esplicita ha il compito di descrivere tutto ciò. È un'impresa ardua e molteplice. Anche se vi sono categorie e aspetti della grammatica vissuta che attraversano molte lingue, forse in qualche caso tutte, anche ciò che vi è di generalissimo si impasta poi con fatti particolari e variabili da una lingua all'altra e da un'epoca all'altra di una stessa lingua. Grammatiche esplicite che descrivano in modo relativamente completo e coerente le grammatiche vissute sono rare. Certo non sono seimila, cioè, quante, più o meno, le lingue del mondo. Ma neanche seicento e nemmeno (mi azzardo a dire) sessanta.

Gli zelatori del «grammatica sì» dovranno pur prendere atto che, per limitarci alla nostra lingua, vecchie e nobili grammatiche riflesse, di Fornaciari e Goidànich, per esempio, erano clamorosamente lacunose e che le prime attendibili descrizioni grammaticali dell'italiano hanno data recentissima e sono opera di Luca Serianni e di Lorenzo Renzi e della composita schiera che ha collaborato con lui.

Prima e senza il riferimento a queste opere che cosa si è insegnato sotto il nome di «grammatica italiana»? Si può porre questa domanda a chi dice «grammatica sì»?

aprile 1999

25.
DANTE, CALVINO E LA BOLLETTA ENEL

«Dante fu popolare. Non popolari sono state invece le celebrazioni del settimo centenario dalla nascita di Dante»: così scriveva Eugenio Garin trenta e più anni fa. Il senso del suo commento non deve apparire lontano dal tema dell'incontro del 5 maggio alla Sapienza di Roma, promosso dall'Enel e dal Dipartimento di studi linguistici e letterari della Sapienza e dedicato a esaminare lo stato degli usi pubblici, sociali e amministrativi della lingua italiana.

È uno stato non buono. È vero: da Sabino Cassese in poi i ministri della funzione pubblica di varia parte politica hanno sentito la necessità di combattere la buona battaglia della chiarificazione del linguaggio, almeno di quello che le pubbliche amministrazioni usano per rivolgersi alla gente. Ma si muovono in ambiente complessivamente sfavorevole. Il Parlamento e i ministeri continuano a produrre «leggi oscure». Gli enti e uffici pubblici soltanto in parte hanno raccolto l'invito a comunicare con chiarezza ai cittadini.

Ma non si tratta solo delle leggi e dell'amministrazione. Una larga parte delle cronache giornalistiche è scritta considerando – parrebbe – un attentato alla libertà d'espressione la richiesta di raccontare le cose con precisione, completezza e chiarezza, senza ammiccamenti sottintesi e ciarpame espressivo. Un articolo di Michael Massing apparso in «The Nation», e ripubblicato dal settimanale «Internazionale» nel numero del 23 aprile col titolo *Guerra e verità*, ci dice che precisione e completezza non sono merce facile da trovare neanche nel grande giornalismo nordamericano. Ma lo sforzo della chiarezza altrove non è neanche uno sforzo, è un'abitudine tranquillamente consolidata, ormai.

Ci sono ragioni storiche, linguistiche e sociologiche dietro tutto ciò. Italo Calvino parlò una volta del gendarme che scrivendo un verbale trasforma le chiare e precise parole di un interrogato («Stamattina presto andavo in cantina...») in una verbosa e ridicola *antilingua* («Il sottoscritto essendosi recato nelle prime ore antimeridiane nei locali dello scantinato...»). Il fiasco di vino dietro la caldaia diventa «contenitore vitreo di prodotti vinicoli sito dietro l'apparato destinato ad alimentare la combustione per il riscaldamento dell'immobile». Perché quel gendarme si comportava così? Perché nei giornali e nei tribunali, negli avvisi al pubblico e anche nella prosa colta rischiamo tutti di chiamar la polenta *pasticcio di mais*?

Dante fu popolare. Che vuol dire? Che si adeguò ai livelli più bassi, più arretrati delle conoscenze del suo tempo? Certo li conobbe, e bene, quei livelli, e li tenne in conto. Ma nelle sue terzine li seppe rialzare fino a farne il gradino infimo di una scala che portava a tutto ciò che egli seppe trarre da contatti con altre culture, da memoria storica e scienza: passioni letterarie e politiche, idee etiche e scientifiche, polemiche filosofiche e distinguo teologici. Fu e seppe essere popolare perché genialmente scelse di servirsi della lingua *che dice mamma e babbo* per *discriver fondo a tutto l'universo.*

La nostra classe colta e politica trova invece difficile seguire l'esempio suo e quello di più recenti modelli che pure vi sono, di Croce o di don Lorenzo Milani, di Luigi Einaudi o di Gramsci o Salvemini o di Calvino stesso, e troppo spesso più o meno come il gendarme calviniano, scrive rivestendo le cose da dire di una sterpaglia verbale secca e seccante, morta e mortifera.

Ma non ci sono solo constatazioni negative. Ci sono indicazioni di possibilità. La Costituzione è là a dirci che è possibile presentare con nitidezza i principi e le regole d'una società complessa. Il *Manuale di stile* (Il Mulino, Bologna 1997) promosso dal ministero della Funzione pubblica raccoglie e ripropone norme di buona educazione linguistica e un bel libro di Emanuela Piemontese, *Capire e farsi capire* (Tecnodid, Napoli 1996), dà l'opportuno contesto teorico, storico e sociolinguistico a queste norme. E da Trento a Roma ci sono uffici ed enti pubblici che mostrano di poterle e saperle seguire, norme del genere. Se lo vogliono, beninteso. Il caso della bolletta e della rinnovata linea di comunicazione dell'Enel, presentato al convegno romano, dice che si può, se si vuole, esporre con precisione e con chiarezza questioni e dati non semplici a milioni di persone, a 28 milioni, per l'esattezza. Si può essere affabilmente civili perfino chiedendo, che non è gradevole, un pagamento arretrato.

L'incontro di Roma fa sperare che l'*antilingua*, una lingua per proteggersi o esibirsi e non per comunicare, abbia i giorni contati. Anche in Italia potremmo sperare che, chissà, forse stiamo per «uscire di minorità»: non più sudditi a chinare il capo davanti a chi parla in modo incomprensibile delle nostre faccende ma cittadini e cittadine di pieno diritto, padroni della lingua che parliamo e che vorremmo sentirci parlare.

Ma la classe colta deve riuscire a capire (deve accogliere e fare proprio) il senso ultimo di questa speranza.

maggio 1999

26.
TEMPO DI CIDDU

A Vercelli, nella sede della nuova Università del Piemonte orientale, il 6 e 7 maggio scorsi è successo un fatto straordinario. Una sessantina di professori universitari si sono riuniti non per discutere di Supremi Veri né per apprestare Infami Trappole Concorsuali, ma per discutere che cosa in concreto insegnano e come e con quali tempi e richieste per docenti e studenti. Insomma per discutere di come si insegna (o, almeno, loro insegnano) nell'università. Lavoro in questa direzione fece nei suoi primi anni di vita la Sli, Società di linguistica italiana, lavoro più continuativo fa l'Unione matematica. Ma, in complesso, iniziative del genere sono rare ed è merito grande di Monica Berretta, attuale presidente della Sli, essere riuscita a indurre colleghi linguisti, glottologi, glottodidatti a questa inusuale e preziosa duegiorni, che, almeno per un gruppetto di linguisti, dovrebbe avere un seguito operativo (scambio di test e documentazione sugli esami, sui contenuti dei corsi, su tempi di studio richiesti, esiti ecc.).

Chi ha in memoria delle vicende del Cidi si ricorderà forse del Ciddu. A metà anni Ottanta, sotto questa sigla un po' sarda, si nascose l'ipotesi di costruire, partendo dalla felice esperienza del Cidi, un centro di iniziativa democratica dei docenti universitari. Pur con qualche scetticismo sugli esiti, il Cidi accettò di provarci. L'idea era quella di mettere al centro dell'attenzione i modi e i contenuti concreti dell'insegnamento universitario. Partirono un po' di lettere. Ma l'iniziativa cadde nel vuoto. Il passo era forse più lungo della gamba.

Ma il problema c'era e c'è. Raggiungere i Supremi Veri di un ambito disciplinare spesso assai ristretto è solo una parte del lavoro per cui uno Stato bene ordinato paga alcuni suoi cittadini (e ora, sempre più spesso, anche alcune cittadine). Ci sono almeno altri due lavori istituzionali. Uno, specialmente gratificante per chi qualche cosa di nuovo abbia già davvero combinato (adopero questo verbo anche in senso non banale) in un campo di ricerca, è cercare di contribuire a portare qualche giovane persona alle frontiere della ricerca e fare in modo che, poi, proceda oltre. L'altro è trasmettere il più criticamente possibile le conoscenze necessarie a muoversi in un certo campo per attingervi in futuro le notizie, le indicazioni che saranno necessarie nella vita professionale ivi compresa la professione della ricerca in altri settori. Uno è la formazione di nuove leve di studiosi di un campo, l'altro è la formazione a settori professionali complessi di attività.

In parecchi Paesi, tra cui il nostro, nella selezione dei docenti universitari questi altri due lavori non hanno trovato finora alcuna seria considerazione. Anzi, nell'aggregare un nuovo futuro docente per la fascia più alta, la capacità didattica vale zero. L'università è concepita, evidentemente, come un pensionato per dotti (supponendo che lo siano). Tale non avrebbe mai dovuto essere. E tale stenta a rimanere.

Naturalmente ci sono problemi di vario tipo. Dalle leggi Ruberti alle direttive Berlinguer, ai decreti annunziati dal ministro Zecchino, una serie di provvedimenti di vario livello ha avviato nelle università italiane un processo di profondo rinnovamento dell'assetto degli studi. Verificare e saper garantire tempi certi (e possibilmente brevi), modi e qualità della formazione anzitutto di base degli studenti da – come si ama dire – *optionals* vanno a diventare requisiti primari per valutare (e finanziare) il lavoro delle università e dei suoi docenti. Sapere insegnare con efficacia (anzi, dicevano i sindacalisti anni fa, con efficienza ed efficacia) diventerà una qualità da coltivare in e per tutti coloro che vogliono insegnare nell'università.

Questo però ci mette dinanzi a situazioni nuove. Nel valutare chi può entrare come docente nell'università e chi già ne è parte, dobbiamo introdurre dei criteri di valutazione delle capacità didattiche e, prima ancora, dobbiamo definirli. Segnalo il problema con la speranza che un giorno sia possibile risolverlo. È un problema difficile. Due anni fa passò inosservato un bell'articolo di Giulio Lepschy nella «Repubblica» in cui egli riferiva criticamente dell'esperienza britannica in questa materia (va da sé che in Gran Bretagna, come altrove, il problema è ben noto da gran tempo e ne esistono soluzioni).

E c'è un secondo problema. Dove e come collocare l'attività di pura ricerca? Non è detto che chi eccelle nella ricerca sappia insegnare in modo efficace ed efficiente. In alcuni Paesi bene ordinati esistono perciò istituzioni apposite, dove, come Socrate proponeva per sé ironicamente, si è mantenuti a pubbliche spese con puri obblighi di studio e di sviluppo innovativo del sapere: sono i «collegi del re» o «della regina», le accademie delle scienze. Da noi l'Accademia dei Lincei pare per ora assai lontana da compiti del genere (o no?). E, d'altra parte, personalmente sono daccordo con chi ritiene che tale attività nella struttura italiana possa e debba collocarsi nell'università perché dia sale e vitalità alle attività di formazione, alla ricerca e alle professioni. Che fare? Saranno capaci le università di riservare spazio e fondi a chi eccelle davvero nella ricerca?

giugno 1999

27.
LO SMIG OVVERO L'ARTE DELLA MANUTENZIONE DEL BUON VIVERE: PRIMA PUNTATA

Un nonno e due fanciulle sue nipoti discutono del «buon vivere»: che cosa serve a non «sotto-vivere»? La domanda rimbalza da una battuta all'altra del dialogo e, quindi, delle pagine del libro che lo trascrive. Nonno e nipoti hanno nomi «parlanti». Il nonno è Saverio Avveduto, che col libro festeggia i suoi settantacinque anni spesi al servizio delle istituzioni pubbliche, della scuola e della promozione della cultura: qui non si va mai in pensione e Avveduto è ora giovanilmente impegnato nel lavoro dell'Unla, l'Unione nazionale per la lotta contro l'analfabetismo. Le nipoti si chiamano Chiara e Gaia. Il libro, appena uscito (Ips editrice, Roma), si intitola *Il Chiaragaia. Dialogo di filosofia per nonno e due nipoti nonché manuale del buon vivere.*

Torniamo alla domanda: è possibile non sotto-vivere, è possibile un «buon vivere»? Con molto realistico disincanto nonno e nipoti costruiscono una risposta positiva. Centrale in essa, tra altri, è un elemento che Avveduto chiama in sigla Smig. Lo Smig, si spiega a un certo punto del libro, è «quello che i francesi chiamano il *savoir minimum garanti*, quasi il confratello del salario minimo garantito, ambedue significativamente, in sigla, *Smig*».

Che cosa è, che cosa può e deve essere lo «Smig» è un tema perenne. Ogni specie vivente ha il suo Smig. Ogni specie capace di adattarsi ad *habitat* diversi ha, con ciò e in ciò, la capacità di sviluppare Smig diversi. In alcune specie lo Smig è così modesto da risultare schiacciato su ciò che la memoria genetica consegna a ciascun individuo della specie. In altre lo Smig è più complesso: la memoria genetica è indispensabile sempre, ma in gran parte serve perché si sviluppi nei singoli individui la memoria a lungo e a breve termine necessaria a incamerare il sapere minimo attraverso periodi lunghi di dipendenza parentale e dalle adulte e adulti della specie.

La specie più ricca di capacità adattive, che sembra essere quella umana, brilla per aver generato Smig diversissimi: nello spazio geografico, dai circoli polari all'equatore, dalle città ipogee agli alti monti; nello spazio antropizzato, dai deserti alle metropoli; e nel tempo, dall'aurora della specie a oggi. I contenuti dello Smig umano sono variati e variano molto nel tempo e nello spazio e richiedono un lungo, lunghissimo tempo di dipendenza. Diversità individuali nell'apprendimento, nella strutturazione e nell'uso dello Smig appaiono anche in altre specie di mammiferi superiori. Negli esseri umani tali diversità «creative» possono accentuarsi in misura notevole anche all'interno di uno stesso gruppo. Fenomeni non ignoti ad altre specie, come la vanità e l'aggressività intraspecifica, possono portare a enfatizzare l'importanza delle differenze di Smig rispetto a ciò che nello Smig di un'epoca e di un certo spazio è comune a tutti gli individui. Del resto, opera in questa direzione anche il bisogno della specie di sperimentare e, poi, se del caso, sedimentare sempre nuovi elementi da includere nello Smig comune a interi gruppi anzi all'intera specie. Ma questa enfatizzazione è sbagliata. L'area di sapere che un individuo della specie umana anche parecchio creativo riesce a sviluppare è ben poca cosa rispetto all'enorme base di Smig legato al patrimonio genetico della specie e al patrimonio proprio del gruppo in cui l'individuo è stato allevato e vive. Può essere sgradevole, ma la natura delle cose lascia uno spazio solo assai modesto all'individualismo liberale: è uno spazio prezioso, ma è assai ridotto.

Un individuo della specie umana particolarmente creativo ha scritto in proposito:

Tutte le nostre azioni e i nostri desideri sono legati all'esistenza degli altri esseri umani [...]. Per la nostra stessa natura siamo simili agli animali che vivono in comunità. Ci nutriamo di alimenti prodotti da altri uomini, portiamo abiti fatti da altri, abitiamo case costruite dal lavoro altrui. La maggior parte di quanto noi sappiamo e crediamo ci è stata insegnata da altri per mezzo di una lingua che altri hanno creato. Senza la lingua la nostra facoltà di pensare sarebbe assai meschina e paragonabile a quella degli animali superiori. Perciò la nostra priorità sugli altri animali consiste prima di tutto – dobbiamo confessarlo – nel nostro modo di vivere in società. L'individuo lasciato solo fin dalla nascita resterebbe, nei suoi pensieri e sentimenti, simile agli altri animali in misura assai difficile da immaginare. [...] Il valore di un essere umano, per la comunità in cui vive, dipende anzitutto dalla misura in cui i suoi sentimenti, i suoi pensieri e le sue azioni contribuiscono all'esistenza degli altri individui.

Il pericoloso comunista che così ha scritto si chiamava Albert Einstein (*Come io vedo il mondo*, cap. I). Sono parole che meritano una riflessione ulteriore.

luglio-agosto 1999

28.
LO SMIG OVVERO L'ARTE DELLA MANUTENZIONE DEL BUON VIVERE: SECONDA PUNTATA

Ricominciamo dalla riflessione di Albert Einstein che chiudeva il *Minimum* precedente.

L'idea di Einstein è pienamente confermata empiricamente e scientificamente per quanto riguarda il linguaggio, inteso come capacità d'uso di una lingua. Aperta da alcuni pionieri come John Lilly, un vero e misconosciuto e dimenticato pioniere degli anni Trenta, e da Karl von Frisch, la via verso lo studio e la comprensione della comunicazione tra specie viventi diverse dagli umani ha compiuto in questi decenni e anni progressi immensi. Si può ormai forse affermare che la capacità di comunicare è connaturata agli esseri viventi come il metabolismo e la riproduzione. L'estesa conoscenza dei codici di comunicazione delle altre specie non priva il genere umano di una sua specificità: per quanto altre specie posseggano codici in alcuni casi ricchi e variati, nessuna (studi ulteriori ci diranno se un'eccezione va fatta per i grandi cetacei) è capace di controllare un codice di complessità e caratteristiche analoghe a una lingua storico-naturale. Soltanto in cattività e con speciali addestramenti alcuni tipi di scimmie, specie femmine, riescono a impadronirsi di alcuni rudimenti di una lingua storico-naturale, specie nelle sue varianti visualizzate e gestuali. Ma si tratta di esperienze controverse. Comunque, resta per ora certo che soltanto per la specie umana è *opera naturale* imparare a controllare l'uso di una lingua storico-naturale.

Non c'è dubbio che imparare tale controllo si svolge sulla base di un ricco corredo di capacità ereditarie innate. È e non può essere altro che la memoria morfogenetica ciò che guida l'infante umano fin dalle prime ore di vita a orientarsi verso la conquista della discriminazione tra profilo ritmico e intonativo della lingua parlatagli dalla madre e altre lingue parlategli da altri o dalla madre stessa: una discriminazione che diventa compiuta entro le 36 ore di vita, come hanno rivelato alcuni anni fa le indagini eleganti e rigorose dello psicologo Jacques Mehler, e che è il primo passo, la prima chiave per entrare in possesso della *grammatica implicita* (vedi *Minimum* 24) della lingua materna.

Non sta solo e tanto al linguista o all'umanista sottolineare l'enorme portata di tale possesso. Il significato complessivo del possesso di una lingua si fa chiaro solo se guardiamo le cose con gli occhi del biologo, con gli occhi di chi studia ogni forma di vita. Già nel *Minimum* 3 ho avuto occasione di rammentare le parole scritte da un grande biologo, Ernst Mayr, per ricordarci la centralità della conquista della parola nello sviluppo della vita degli esseri umani.

Senza la «scuola delle parole» niente (o quasi niente) *Smig*, niente o quasi niente del sapere minimo garantito necessario alla vita umana. E l'accesso a tale scuola ha precondizioni biologiche ereditarie comuni a ogni individuo della specie. Ma, attenzione, tali precondizioni non operano solo positivamente, nel senso di favorire l'apprendimento del linguaggio. Operano anche in negativo, con un «effetto soglia» su cui torneremo.

settembre 1999

29.
LO SMIG: TERZA E AL MOMENTO ULTIMA PUNTATA

Senza la scuola delle parole, come abbiamo detto (*Minima* 27 e 28), il sapere e saper fare degli esseri umani sarebbe impossibile nelle forme che conosciamo e, come Einstein suggeriva, non sarebbe maggiore di quello di altri animali superiori. Capacità che consideriamo non linguistiche sono inconcepibili fuori del possesso di una lingua storico-naturale, con la sua duttile articolazione fonico-uditiva (un doppio raffinamento biologico e neurologico), la sua sintassi complessa, la sua possibilità di ancorarsi e, volta a volta, disancorarsi dalla situazione, il suo lessico indefinitamente ampliabile e, al tempo stesso, contraibile, precisabile fino alla pedanteria e generalizzabile fino alla genericità estrema.

Tecniche elementari di produzione e ancora più quelle complesse, il lavorare, il produrre e lo scambiare beni, presuppongono e implicano a ogni livello, dallo scheggiare selci al navigare in rete, l'assimilazione di istruzioni e informazioni che richiedono la mediazione della parola. L'immenso, aereo, astratto edificio dei linguaggi matematici poggia su pilastri come la capacità di discretizzare simbolicamente e stabilmente il continuo e di istituire rapporti tra i segmenti discretizzati: numerare, contare, misurare sono operazioni impossibili senza convenirle e stabilizzarle entro l'uso di parole. Numeri e calcoli sono anzitutto parole e frasi, e per decine di migliaia di anni sono restati solo tali (e tali restano per una parte cospicua del genere umano). Lo stesso mondo della visualità percepita e prodotta è filtrata attraverso la scansione conscia o inconscia del sapere verbale. Aveva ragione in senso assai profondo il grande Heinrich Wölfflin quando diceva: «Per capire la pittura giapponese dovete imparare il giapponese». Infine (o per prima cosa) l'organizzazione della vita sociale, qualunque forma assuma, richiede tra gli esseri umani l'uso della parola, come videro bene già i grandi filosofi greci. Tutto ciò era vero al loro tempo, fu vero secondo ogni attendibile ipotesi al momento del costituirsi del genere *Homo sapiens* e resta vero oggi, quando rischia di diventare più indispensabile che in ogni epoca del passato la capacità di parlare a macchine con la voce e lo scritto e di ascoltarne e leggerne i messaggi.

Garantire un esteso controllo delle capacità di linguaggio è una via obbligata per costruire qualunque sapere e qualunque saper fare e ancor più quel nucleo primario di accesso a ogni altro sapere e alla vita sociale che è variabile attraverso i tempi e le culture, ma è sempre intriso di linguisticità e parole. È il nucleo che Saverio Avveduto propone di chiamare Smig, sapere minimo garantito.

Certamente è lo stesso patrimonio genetico degli esseri umani ad aprire le vie verso il controllo del linguaggio, della capacità di usare una lingua. Non lo si può ignorare, ma nemmeno si può dimenticare che, un po' come nella parabola dei talenti, tale patrimonio non ci apre la via verso il linguaggio se non viene attivato e non entra in funzione entro un tempo determinato. È un seme che, passato un certo tempo, perde la sua capacità di germinare. È un orologio a tempo. Se entro la soglia degli otto anni la capacità d'uso di almeno una lingua non è attivata, il patrimonio genetico si atrofizza o, per dir meglio, si atrofizzano nel cervello le capacità di metterlo a frutto e imparare a parlare. La realizzazione della finalità sociale e culturale della parola è iscritta dentro il patrimonio genetico. Qui la cultura si concreziona con la natura, la storicità mutevole con le più statiche strutture biologiche.

La prima fonte di attivazione del linguaggio è e resta il commercio affettivo e fisico più elementare con adulti e coetanei, sono le cure parentali e l'immenso lavoro di orientamento nell'ambiente e tra i simili. In società complesse e stratificate, oggi come già nei secoli passati, alla fonte familiare si è aggiunta la fonte collettiva dell'istruzione.

L'istinto linguistico che guida le cure parentali nello stimolare le capacità di parola dei piccoli non sempre si continua felicemente nell'istruzione collettiva. Questa rischia sempre, specialmente a mano a mano che si allontana dai primi passi sulla via dello Smig (nelle nostre scuole preelementari ed elementari), rischia sempre di disancorarsi dall'attenzione a ciò che pare primario: l'interrelazione continua, incessante, tra sapere linguistico e saperi ed esperienze non linguistiche, tra il sapere parole e, come altre volte si è detto, saperle accoppiare opportunamente all'ampliamento delle esperienze operative e conoscitive. A ogni passo l'istruzione rischia di cadere nelle trappole del puro verbalismo, curando solo l'esteriorità della parola e non la sua polpa semantica e funzionale, o nelle opposte trappole di un insegnamento che dimentica di sviluppare e controllare la capacità di assimilazione linguistica e, quindi, stabile e critica degli apprendimenti.

Lo Smig richiede invece questa spola continua tra i contenuti operativi e conoscitivi e le parole, tra le parole e le situazioni in cui esse realmente si apprendono e funzionano.

ottobre 1999

30.
DIALOGO TRA UN EDITORE E UN SUO AUTORE

EDITORE: Ciao, come stai?

AUTORE: Così. Torno da Napoli e mi preparo a partire per Lovanio e subito dopo a esami e lezioni. Ma, e tu, come stai?

E.: Non mi sono ancora rimesso dalla fatica della Fiera di Francoforte. Ma, soprattutto, sono frastornato da quel che succede.

A.: Dici di Craxi, Andreotti?

E.: Sì, e della voglia diffusa di mettere un punto ai tentativi della magistratura di fare pulizia, la voglia di assolvere tutti e autoassolversi e ricominciare tranquilli a rubare e... Dobbiamo fare qualcosa. Ho un'idea. Riuniamo un gruppo di persone fuori della mischia, non politici, non magistrati, e cerchiamo insieme che si può fare per diventare un paese normale, con un tasso normale di corruzione: un tasso che non comprometta la decenza e l'efficienza dei servizi, dello Stato. Che ne dici?

A.: Perché lo chiedi proprio a me?

E.: Beh, credo che per cominciare tu sia la persona giusta. Perché, vedi, tu, sono tanti anni che insisti sulla priorità della scuola, dell'istruzione, sulla priorità economica, sociale e politica della crescita dei livelli d'istruzione. E io sono convinto che al fondo di tutto ciò di cui soffriamo, dal tabaccaio che non si sogna nemmeno di darti lo scontrino fiscale, come avviene in ogni altro Paese, e nessuno glielo chiede, fino al giubilo per l'assoluzione di Andreotti, al fondo ci sia quella deficienza di scuola su cui tu insisti, tu e non altri.

A.: Mmm... Vorrei riflettere. Non sono sicuro di alcune cose. Intanto, l'assoluzione. Quasi nessuna fonte informativa ha reso noto quel comma secondo dell'articolo con cui Andreotti è stato assolto. Nel nuovo codice l'assoluzione per insufficienza di prove non c'è più. Se si è assolti, si è assolti. Oppure si è condannati. Ma c'è assoluzione e assoluzione. C'è quella del comma primo, dovuta perché il fatto non c'è o la persona imputata gli è estranea. E c'è quella del comma secondo: non ci sono prove non contraddittorie, non insicure che il fatto ci sia e la persona imputata c'entri. È il comma di Andreotti. C'è poco da cantare vittoria per l'assoluzione, come hanno fatto molti, per esempio Ottaviano Del Turco, ma c'è anche poco da piangere. È vero però che le fonti informative con poche eccezioni (come «la Repubblica») hanno trattato da scemi i loro ascoltatori e lettori non sottolineando la differenza e spiegandola. Ed è vero che molti hanno reagito come Del Turco, con un sospiro di sollievo, vedendo nella sentenza la fine dei repulisti. Molti, certo. Tutti? Non sono sicuro. Ma la questione che tu poni è un'altra.

E.: La scuola.

A.: Certo, la scuola. Ho l'impressione che siamo avviluppati da un serpentaccio che si morde la coda. Non riusciamo a rialzare i livelli di cultura collettivi senza far funzionare sì la scuola, ma senza – anche – aggredire lo zoccolo duro della bassa scolarità adulta, che inevitabilmente si riflette in deficit formativo delle giovani leve che vengono da questo immenso strato di non o poco scolarizzati. Ci sono venti milioni di giovani più che quattordicenni e di adulti senza licenza media dell'obbligo, più del 40% della popolazione. E una fetta consistente del 32% di persone con la sola media dell'obbligo è a rischio di analfabetismo di ritorno. In queste condizioni è naturale che due terzi della popolazione non leggano mai un libro. Per scalfire questa massa, che, ripeto non può non gravare sullo stesso rendimento della scuola per i ragazzi, ci vorrebbero un piano nazionale di lungo respiro, un impegno comune di tutte le parti politiche e uno spostamento non indifferente di risorse verso l'istruzione. Del resto, questa è una necessità anche per dare vigore alla scuola ordinaria e alla ricerca. Per andare in questa direzione sarebbe necessaria una maggioranza capace di governare senza ansie per un certo numero di anni e un'opposizione che non giochi su questo punto a creare ostacoli. Una direzione del genere dovrebbe far parte dei valori condivisi. Questo mi pare un sogno nella presente situazione politico-elettorale: un Parlamento che avverta la priorità dell'istruzione, sposti risorse, crei e faccia realizzare un piano a dir poco decennale di riscatto nazionale delle condizioni di bassa scolarità che pesano negativamente sulla nostra economia e sulla nostra vita civile.

E.: Ogni gruppetto può ricattare tutti su tutto.

A.: Sì, non solo. La frantumazione delle liste e sottoliste mi pare che sia all'origine di un'altra difficoltà più radicale: selezionare dalla società civile un personale politico adeguato in ogni settore politico. I conservatori sono insoddisfatti dei loro politici, ma li votano per paura della sinistra. E chi vota a sinistra, anche, ho l'impressione che lo faccia in larga misura solo votando contro. Tutto ciò favorisce la formazione di una classe politica che ha difficoltà a concepire ogni impegno di lungo periodo obbedendo a un interesse generale. La scuola potrebbe risanare questa situazione, ma in questa chi si cura che la scuola funzioni?

novembre-dicembre 1999

31.
SE AL FINIRE DEL MILLENNIO PLATONE...

Se al finire del millennio Platone fosse tra noi, da settimane sarebbe collegato al sito Internet suggeritogli dalla lettura di un bell'articolo di Margaret Wertheim, apparso in inglese in «New Scientist» e in italiano in «Internazionale» (VII, 314, 17/27 dicembre 1999). Là si starebbe documentando su un tema per lui centrale: il rapporto che i diversi linguaggi e le diverse materializzazioni dei singoli linguaggi intrattengono tra loro e con la mente degli umani. Il primato, come mi pare si possa dire, ai suoi occhi toccava, in questo basso mondo sublunare, alla parola parlata, la meno lontana dalla celeste e immediata intuizione diretta delle Idee. Ma converrà fare un passo indietro rispetto all'immagine di Platone on line.

Anche la parola parlata è un mezzo di comunicazione. Qua e là, in questi *Minima*, è capitato più volte di ricordare che non è nemmeno il più antico. Come gli altri viventi gli esseri umani hanno inscritto nelle esigenze del sopravvivere e vivere non l'istinto linguistico, come ha sostenuto in un libro brillante ma inesatto Steven Pinker (*L'istinto linguistico*), ma il bisogno di interagire attraverso segni o simboli che dir si vogliano. E nei loro geni gli *Homo sapiens* portano più che la capacità di parola parlata: portano la capacità di sviluppare e controllare tipi diversi di segni e simboli, tra i quali la lingua che parliamo. Non sono soltanto bipedi discorsivi, lo sono in quanto sono bipedi plurisemiotici. Americano per americano, meglio che a Pinker converrebbe ricorrere all'autorità statunitense di un altro studioso, il bioantropologo e medico

Terrence W. Deacon che, in un libro non ancora tradotto in italiano (*The Simbolic Species*, Norton & Company, New York 1998), più recente (e informato) di quello di Pinker, sottolinea questa vocazione e capacità plurisimbolica del genere umano. A questa i primi antenati scesi dagli alberi nella savana africana devono avere fatto appello sin dai tempi dell'*Homo habilis*, ben prima cioè della definitiva acquisizione di una stabile stazione eretta: differenziazione e sofisticazione di produzioni, tecniche e culture richiesero modi complessi di simbolizzazione e comunicazione, non lontani dalle capacità di significazione delle nostre attuali lingue foniche, e ciò assai prima che la conformazione di aree cerebrali, lo sviluppo di un adeguato apparato uditivo e la conformazione della laringe permettessero il controllo della voce di cui i *Sapiens* sono capaci «solo» da duecentomila anni. L'apparizione del controllo cerebrale della produzione e percezione delle minute differenziazioni foniche sul cui riconoscimento e sulla cui funzionalizzazione o non funzionalizzazione poggia l'edificio delle nostre lingue è stato certamente un grande evento: scambiarsi informazioni dettagliate mentre si lavora o si combatte, o al buio, a distanza controllabilmente variabile e perfino con orientamento in gran parte differenziabile, aprì ai *Sapiens* la via del successo rispetto agli altri generi di *Homo* e rispetto alle altre creature viventi. Grande evento, ma istallato entro la cornice di già maturate capacità di base; grande evento, ma non tale da cancellare, anzi tale da potenziare le tecniche di comunicazione preesistenti cui si aggiungeva.

Molti anni fa, in una lezione alla Scuola per librai Mauri di Venezia, mentre ancora loquaci sociologi della comunicazione asserivano che alfabeto, scrittura e stampa erano archeologici arnesi del passato e, quindi, mentre di rimbalzo ancora serpeggiava il terrore per «le nuove tecnologie» e la fine dell'umana ragione che queste portavano con sé, mi sono vergognosamente abbandonato a un *excursus* fantapreistorico (una traccia se ne può vedere in un'appendice sulla lettura in coda a una raccolta di miei lavori, *Capire le parole*). Dinanzi ai librai raccolti da Luciano Mauri, cercai di ricostruire (in uno stile malamente imitante i tormentoni di Alberto

Arbasino) i discorsi scandalizzati delle signore di Neandertal all'apparire dei primi cugini loquenti appena arrivati, centomila anni fa, anche loro, come i *vucumprà*, dall'Africa:

> Signora mia, ma che si doveva vedere. Invece di annusarsi, invece di palparsi, invece di lottare con forza o guaiolare dolcemente o di fare quei bei gesti così chiari, così sinceri, guardandosi bene in faccia, ha visto questi? Signora mia, io li ho visti: con quei loro vocini bassi bassi, come se accanto ci fossero orsi o tigri a cui sfuggire, manco si guardano negli occhi, muovono appena le labbra ogni tanto, la lingua gli balla in bocca che nessuno la può vedere, che schifo invece d'una bella leccata, e chiamano questo *parlare*. Mah, dove andremo a finire... Non fiuteremo più, non palperemo più, non gesticoleremo più. Che ne sarà dell'iconocità, signora mia? E della corporeità?

La risposta alle paure della signora di Neandertal l'hanno data i millenni seguenti. La parola parlata non ha cancellato l'uso comunicativo del corpo, anzi ne ha consentito il progressivo affinamento fino al teatro e alla danza. La gestualità comunicativa si è perfezionata sempre di più sia nella sua autonomia, come nei *sign languages* ameridiani, mediterranei e dei sordi, sia come gestualità d'appoggio e spesso decisiva integrazione al parlare. Punti, graffiti e incisioni sono diventati pittura rupestre, ceramica, scultura, arti visuali... Il nuovo, se non lo si sopravvaluta e isola come palingenesi o apocalisse, non solo non distrugge l'antico, non solo sull'antico poggia, ma lo riprende, raffina ed esalta a nuove potenzialità. Lo stesso è avvenuto, si sa (e Platone fu ironico maestro), quando la parola parlata fu affiancata alla scrittura – e poi, sopravvennero stampa e carta, incisioni e foto, radio e video, registrazioni e videoscrittura...

Platone, nel sito web che starebbe oggi compulsando se fosse tra noi, troverebbe – e troviamo noi – di che riflettere. Due scrittori di fantascienza texani, Bruce Sterling e Bruce Kadrey, hanno messo insieme un imponente archivio: *Dead Media Working Notes*. È il cimitero degli elefanti semiotici, dei linguaggi e delle materializzazioni di linguaggi defunti, dalle stringhe annodate degli Incas al fenachistiscopio alla posta via missili balistici intercontinentali, alle ideografie. Il cimitero permette di vedere controluce i profili dei linguaggi che, invece, hanno durato nei secoli, nei millenni, nelle ere. Essi paiono rispondere sempre a due caratteristiche: la disponibilità ad aderire al bisogno di agevolare le operazioni della nostra intelligenza, che è costitutivamente cooperativa e comunicante, e il basso costo energetico che comporta la loro messa in opera.

gennaio 2000

32. LETTERE E LETTERE

Di recente Mario Lodi ha riproposto un antico tema, suo, di Gianni Rodari, ma anche di altri, prima e poi, da Tolstoj a Giulia Harasim e Giuseppe Lombardo Radice, da Maria Teresa Gentile a Giuliano Scabia: è il tema dell'educazione all'espressione letteraria e artistica e del suo valore per la maturazione dell'intera, complessiva capacità intellettuale e linguistica.

È un valore alto, decisivo, se ben compreso, se messo a frutto anche nella cornice scolastica. Ma perché ciò accada bisogna sgombrare il campo da opposte mitologie. Dovrebbero esserne liberi coloro che hanno il difficile compito di insegnare e dovrebbero esserne prima ancora liberi coloro che vengon detti studiosi e specialisti. Sarebbe buona cosa se da questi venisse agli insegnanti quanto serve a saper tenere d'occhio il progressivo farsi delle capacità espressive e linguistiche degli allievi, dalla scuola per l'infanzia in su.

Forse non è compito che possa assolvere uno solo né chi scrive questo *Minimum*. E tanto meno è compito assolvibile con questa sola nota. Ma qualcosa si può fare. Qualche nodo teorico e storico, generale o, se si vuole, generalmente linguistico e cognitivo, da un lato, e anche, d'altro lato, culturalmente determinato si può individuare e cercare di dipanare.

E un primo nodo è capire che rapporto c'è tra letteratura e scrittura. In diverse lingue è il lessico stesso a suggerire l'esistenza di uno stretto rapporto con i segni dell'alfabeto e lo scrivere. Ma attenzione: nello stesso latino da cui non solo le lingue neolatine, ovviamente, ma anche le lingue germaniche e slave moderne hanno tratto i loro vocaboli per «letteratura», *lit(t)eratura* (e *lit(t)erae*) hanno acquistato solo molto tardi, nella storia della lingua, l'accezione «complesso delle opere letterarie (nel senso moderno)». Per *litterae* l'accezione emerge in un periodo che va da Cicerone a Gellio, ma in più d'un caso il valore potrebbe essere ragionevolmente più generico, alludere a libri e non specificamente a libri e opere letterarie. Per *litteratura* l'accezione moderna è ancora più tarda. La parola aveva voluto dire capacità di scrivere, alfabetizzazione elementare, testo scritto d'ogni genere, prima di assumere, ai tempi e nei testi di Frontone e Marco Aurelio, il valore moderno di «letteratura, complesso di opere letterarie, di scritture creative». Ma, delle accezioni latine, questa tarda si è rivelata la più vitale per designare in modo specifico, rispetto ad altri prodotti dello scrivere, il complesso di opere in prosa e verso, poetiche, drammatiche, narrative: le opere che dal tardoantico in poi nella tradizione culturale dell'Occidente chiamiamo, insomma e appunto, letterarie.

È anche di qualche interesse osservare che non tutte le lingue posseggono un buon vocabolo per «letteratura». La letterarietà non sembra un concetto universale (posto che davvero ve ne siano), un apriori, ma appare piuttosto una costruzione storico-culturale e linguistica. Ed è anche di qualche interesse rilevare che in parecchie lingue, come in molte germaniche e slave, il legame per noi ovvio tra le parole che vogliono dire letteratura, scrittura e lettera dell'alfabeto, non sussiste, anche e, anzi, proprio se hanno preso in prestito dal latino *litteratura*, ma, come in tedesco, inglese, russo hanno conservato altre e diverse radici per «scrivere» e «segni alfabetici». Altre lingue che hanno rifiutato il latinismo battono nel loro vocabolario strade diverse: così il neogreco, in corrispondenza del nostro *letteratura*, dice *logotekhnía*, «arte, tecnica del *logos*, del discorso».

Dunque la letteratura non ha immediatamente e necessariamente a che fare con la scrittura. Antropologi, etnografi e, da qualche tempo, anche gli antichisti hanno valorizzato la nozione di «letteratura orale», di arte della parola non necessariamente scritta.

Anche in questo modo, però, si osserva che se si problematizza il legame con le lettere e lo scrivere, non si spezza il legame con la parola, scritta o orale che sia. Ogni teoria, ogni storia della letterarietà non può fare a meno di inglobare riferimenti non occasionali al linguaggio e alla parola. O, almeno, così dovrebbe essere. Se questo è chiaro, ci si può chiedere, allora, come e perché nella nostra tradizione culturale il nostro vocabolario stesso e i nostri atteggiamenti culturali consolidati abbiano in generale avvertito un rapporto così stretto tra produzione letteraria e non il generale parlare, ma il parlare attraverso la parola scritta, cioè, più semplicemente, lo scrivere e (non lo si dimentichi) il leggere.

Nel mondo del linguaggio scrivere e leggere sono due attività notevolmente particolari. Da un punto di vista di grande astrazione, è possibile sostenere che produrre fonicamente e identificare tracce scritte sia nient'altro che una transcodifica del produrre fonicamente e identificare uditivamente suoni vocali. Da questo punto di vista, la realizzazione scritta, rispetto alla realizzazione parlata, non sarebbe altro che una saturazione diversa delle forme previste da una lingua. Ma è vero?

febbraio 2000

33.
DALL'ORALE ALLO SCRITTO

Per ogni essere umano, fin dalle prime ore di vita, i fatti linguistici sono legati profondamente agli affetti, alle esperienze quotidiane, alla maturazione delle capacità di socializzazione e di elaborazione conoscitiva. Pervadono il nostro privato in tutte le sue forme più concrete. Per il profano risulta quindi sempre faticoso capire che a questa concretezza grondante di materialità, affettività e quotidianità possa essere e sia vantaggioso guardare anche da un punto di vista molto astratto, non per negare la concretezza, ma per intenderne meglio la sottile trama, una trama logica, matematica, che la innerva. Alcuni grandi teorici del Novecento, anche se non consenzienti in tutto tra loro, hanno messo in luce questi vantaggi, da Saussure, all'inizio del secolo, fino a Chomsky, al termine.

Guardare al linguaggio, alle lingue e all'esprimersi da questo punto di vista molto astratto vuol dire accostarsi (cercare di accostarsi) al modo in cui un matematico guarda a un calcolo o a una figura. Che usiate carta e penna, gesso e lavagna, tastiere e video, o la vostra voce e le parole della vostra o di un'altra lingua, e cifre arabe o romane o cinesi e sistemi di numerazione in base due, o dieci o dodici, o pietruzze e sabbia e bastoncini, tutto questo non ha alcun interesse. Il suo occhio coglie invarianti e relazioni tra invarianti, queste le cose interessanti. Lunghezze o spazi e quantità numeriche, così diverse nella concreta esperienza e così diversamente rappresentate, gli appaiono proiezioni di entità concettualmente identiche: saturazioni diverse di identiche relazioni astratte.

Se si guarda al linguaggio in questo modo, parlare e scrivere appaiono solo saturazioni diverse del costruire segni valendosi delle unità e regole di una lingua. E del resto le lingue stesse, nella loro immensa varietà, appaiono proiezioni accidentalmente diverse, ma concettualmente equivalenti, di un'unica capacità di identificare, differenziare e associare ciò che vogliamo dire e ciò che ci permette di esprimerlo.

Nell'atmosfera remota e rarefatta della pura teoria parlare e scrivere sono equivalenti. Ma se mettiamo le due attività in rapporto con le concrete capacità dei singoli, in un contesto storico e culturale determinato, le cose cambiano. (Cambia anche, e come, fare calcoli con pietruzze o con carta e penna, a memoria o su una calcolatrice...) Almeno oggi e per ora, ben poco di ciò che chiamiamo scrittura è davvero, in via di fatto, soltanto una diversa saturazione di un parlare e il parlato lo è di uno scrivere.

La scrittura si avvicina a equivalere al parlare quando qualcosa viene scritto sotto dettatura. Sarà ancora meglio equivalente se e quando saranno assai più perfetti, cioè ben più aderenti a qualunque dettaglio di qualunque realizzazione parlata, i sistemi di dettatura automatica, cioè di registrazione e trascrizione automatica della voce parlante. Ma nel comune scrivere e anche nell'attuale dettatura automatica (che per ora è in realtà un parlato orientato al suo dover essere scritto) le cose stanno assai diversamente. Una frase scritta equivale a una frase parlata e viceversa solo in quanto vi è tra le due un buon grado di sinonimia, cioè una più o meno estesa comunanza di sensi attribuibili indifferentemente all'una e all'altra. Ma molte sono le differenze formalmente e sostanzialmente rilevanti. Il parlato non può sottrarsi mai del tutto all'integrazione con riferimenti evidenti a chi parla, allo stato in cui si trova, alle circostanze presenti nell'immediato e a gesti, toni, pause che accompagnano e colorano il dire e orientano chi ascolta nella comprensione del senso concreto, più vero, perfino contro la volontà, a volte, di chi sta parlando.

Tutto ciò è forzatamente semplificato in ogni usuale sistema di scrittura. Ciò che scriviamo qui e ora verrà letto (forse) un giorno lontano altrove, da chi per afferrare il senso di ciò che vogliamo dire non ha altro indizio che la nuda forma delle nostre frasi o parole. Guai se queste fanno troppo affidamento sui toni o sulla mimica con cui le pronunceremmo parlando o sulle evidenze materiali che ci circondano mentre scriviamo. Di conseguenza la redazione di un testo scritto, per modesto che sia, obbliga chi scrive a una riflessione preliminare sulle forme linguistiche da impiegare perché il testo, privo dei sussidi che accompagnano il parlato, risulti accessibile a destinatari lontani nello spazio e nel tempo e, forse, nella cultura e negli affetti.

La scrittura è un'impietosa spoliazione di tutto ciò che informalmente ed estemporaneamente ci aiuta a esprimerci nel parlare. Ci aiuta e deve aiutarci. Un buon parlatore sa che, per quanto abbia progettato con cura e fissato in mente ciò che deve dire, il dire effettivo è mortifero se non tiene conto delle necessità o delle possibilità che un concreto interlocutore o un determinato pubblico e una specifica situazione presentano.

D'altra parte, proprio per questa spoliazione, la scrittura deve rendere esplicito tutto ciò che nel parlare può e deve restare implicito. L'implicito del parlato va portato nella forma delle parole e delle frasi scritte, va formalizzato.

marzo 2000

34. DALLE LETTERE ALL'ARTE DELLE LETTERE

Se qualcuno ha avuto pazienza di seguire gli ultimi *Minima*, è chiaro che il vecchio precetto «scrivete come parlate, parlate come scrivete» va preso con molti grani di sale. La scrittura ci toglie tutti quei sostegni esterni alla forma di ciò che diciamo e che sorreggono e integrano la nostra espressione: i gesti che scandiscono le nostre frasi e le loro parti e che spesso precisano il significato generico delle nostre parole e addirittura in parte le sostituiscono; la istintiva stessa posizione del nostro corpo e della testa; la mimica della faccia e lo sguardo; il volume e il tono della voce; l'evidenza delle cose, oggetti, eventi che accompagnano il nostro dire e che possiamo ritenere condivisi dal nostro interlocutore. Questa grande quantità di potenti aiuti fa sì che, spesso, il nostro dire può efficacemente ridursi a poche parole, a semplici interiezioni *passe-partout*. Alla persona amica che incontriamo per strada e ci chiede: «Come stai?», possiamo rispondere benissimo con un «Mmm, insomma, così così», affidando al suo sguardo amicale il complesso del nostro stare. Ma alla stessa persona che da terre lontane per avere nostre notizie ci manda una lettera o, ora, una mail, rispondendogli per lettera e perfino chattando on line mai potremmo rispondere: «Carissimo, mmm, insomma, così così». Ovvero, potremmo sì farlo, ma lui non capirebbe niente.

Ma, si obietterà, l'errore non sta nello scrivere «Mmm, insomma, così così», sta nel dirlo. Non dice infatti il precetto che bisogna parlare come si scrive? E dunque nel parlare si evitino forme che non stanno più bene nella scrittura. Ma allora torniamo a immaginare di incontrare la solita persona amica che ci chiede: «Come stai?» e, onorando il precetto, di rispondergli, preso fiato: «Carissimo, ti ringrazio della tua sollecitudine come sempre affettuosa. A dire il vero, dopo un periodo di lavoro piuttosto intenso, che ho fortunatamente concluso e, mi pare, in modo non insoddisfacente, speravo di avere un periodo di relativa calma. Ma sono sopravvenuti due fatti che hanno messo in forse la mia tranquillità. La vecchia zia di Afragola, che non vedevamo da anni ecc. ecc.». A chi rispondesse così, parlando come si scrive, si farebbe presto il vuoto intorno.

Insomma, il precetto che eguaglia scritto e parlato può avere solo un senso: nello scrivere cercate di essere efficaci come nel parlare e, se scrivete bene, viceversa. Ma scrivere bene comporta sempre sapersi distaccare dall'immediatezza dell'esprimersi a voce e cercare quelle parole e quelle frasi che rendano al meglio ciò che intendiamo dire a persone che non ci vedono né vedono ciò che noi vediamo, che non ci sanno, come ben si dice in qualche dialetto italiano, e non sanno ciò che noi immediatamente sappiamo. La forma della lingua, una delle forme che nella sua sterminata potenzialità una lingua prevede, è quel che dobbiamo cercare per farci intendere nello scrivere. Quella lingua della cui potenza non ci accorgiamo nemmeno nel parlare va rovistata con cura per trovare le espressioni che allineate su qualche supporto prendano in carico il senso che qui, oggi, vogliamo esprimere e lo veicolino nel modo più trasparente e fedele verso lidi alieni.

Nella storia delle comunità umane ciò ha avuto una grande importanza. Le condizioni che spinsero caste sacerdotali, commercianti, proprietari e potenti a cercare e adottare sistemi di fissazione grafica di parole, frasi, testi, maturarono già nei millenni prima di Cristo negli ambienti inizialmente più favorevoli del pianeta, nella Mezzaluna fertile (dall'Anatolia alla Mesopotamia e all'Egitto), nell'America centrale e lungo il Fiume Giallo, con lo sviluppo di civiltà stanziali, con l'istituzionalizzarsi della vita religiosa e giuridica e col complessificarsi delle tecnologie. La nascita e, soprattutto, l'affermazione sociale delle scritture ebbero influenza decisiva sulla trasmissione e sulla stessa conformazione del sapere, dei riti, dei modi di organizzazione sociale. In diversi hanno insistito su ciò. Più in ombra resta il fatto che lo scrivere e il leggere richiesero come loro completamento necessario lo sviluppo di accurate cognizioni sulle forme e sulle funzioni dei patrimoni linguistici cui si attingeva nello scrivere nelle diverse lingue. Ragionevolmente, la riflessione si orientò (e ancora oggi si orienta) verso la scelta di quegli elementi linguistici che meglio garantissero l'accessibilità più larga e sicura dei testi scritti entro ciascuna comunità linguistica, mettendo in secondo piano le fluttuazioni che sempre caratterizzano gli usi orali. Insomma, con la scrittura, come suo presupposto e completamento necessario, nacquero l'«arte delle lettere», cioè la grammatica, e il suo insegnamento, anzi, a dire il vero, l'insegnamento, la scuola. E la grammatica fu, lingua per lingua, necessariamente selettiva e normativa.

aprile 2000

35.
MORTE E RESURREZIONE DELLA SCRITTURA

Nel succedersi delle novità tecnologiche nella fissazione e trasmissione dei testi orali e scritti e, ormai, anzi nel loro trattamento, ogni tanto qualcuno, come abbiamo già ricordato, ha intonato l'elogio funebre della scrittura. Quante belle cose ci dette la scrittura che ora ci verranno tolte dalle magnifiche sorti progressive delle nuove tecnologie.

La scrittura, si dice, avrebbe sgravato la nostra memoria dai pesi cui era costretta nelle civiltà pregrafiche. Essa, con la sua linearità, ci avrebbe costretto a essere lineari, cioè, si ritiene, razionali. Così sarebbe nato il procedere, anzi il pensiero scientifico. Ora, ahimè, la civiltà delle immagini e della ipertestualità ci obbliga a guardare di continuo a destra e sinistra, a collegare le belle stringhe lineari a immagini, suoni, altre stringhe che le contornano. Addio linearità, addio vette della razionalità che ancora, ma per poco, si vedono affiorare sulla marea montante del globale e irrazionale.

Intendiamoci. Anche questi *Minima* nel loro piccolo hanno fatto le lodi della scrittura. Senza scrittura la riflessione metalinguistica che accompagna il linguaggio come sua componente necessaria non si sarebbe mai fatta grammatica esplicita, riflessa, studiabile e insegnabile. La necessità di insegnare e imparare l'arte dello scrivere, così diverso dallo spontaneo parlare estemporaneo, ci ha costretto, nell'antica Cina come nell'India, in Anatolia e nella Grecia antiche, a inventarci liste di parole, regole esplicite della loro formazione, flessione e combinazione, attenzione ai loro effetti di ambiguità e persuasione, insomma a inventarci una grammatica, una retorica e una logica. È stata certamente un'esperienza fondante per altre esperienze della conoscenza certa, razionale del mondo umano. Forse solo medicina empirica e geometria possono vantare una pari importanza costitutiva. Ma, attenzione: anche la medicina empirica e la geometria, non meno della grammatica, presuppongono la scrittura, con la sua capacità di fissare e trasmettere le parole e i loro contenuti, con il suo obbligo di farci assai più espliciti, formali, stabili che nel parlare. La *hidden revolution* della stampa e l'altra, quasi coeva (almeno nei Paesi della Riforma), dell'istruzione elementare obbligatoria hanno diffuso e democratizzato le conseguenze dell'assai più antica adozione della scrittura.

Ma il requiem elogiativo per la scrittura non è fondato su questi argomenti. Vediamo: la scrittura tradizionale, a mano o a stampa, sarebbe lineare, le nuove forme di fissazione dei testi no. Ma: quel che di lineare c'è nelle scritture alfabetiche (i lodatori della scrittura trascurano eurocentricamente l'ideografia cinese e giapponese) è conseguenza di quel che di lineare c'è negli enunciati vocali e orali. Sono questi, primariamente, a obbligarci ad allineare una dopo l'altra le cose che vogliamo dire a voce e vogliamo scrivere con scritture alfabetiche. Se lineari siamo, lo siamo perché parliamo, non perché scriviamo. E se linearità è (fosse) razionalità, razionali erano gli esseri umani prima di cominciare a usare gli alfabeti e razionali potrebbero restare anche abbandonando la fissazione alfabetica degli enunciati.

Ma sulla linearità occorre dire di più. È vero: gli enunziati vocali si snodano nel tempo, in successione, e così fanno gli enunziati scritti alfabetici che ora li registrano ora li evocano. Ma la linearità deve essere continuamente infranta dal ricevente. Chi vuole capire una frase ascoltandola o leggendola deve continuamente fare (come più volte è stato mostrato) un su e giù, un andirivieni su quel che precede e quel che segue ogni singola parola. Si è calcolato che tra il 35% e il 60% delle nostre parole, in tutte le lingue, risulta grammaticalmente e lessicalmente ambiguo se la singola parola non è collocata nel co-testo delle due o tre parole che precedono e delle due o tre che seguono. Il produrre parole è lineare, il capirle no, già sotto questo profilo.

Ma non basta. Parole e perfino interi enunziati restano ambigui, si analizzano in sequenze di parole e costrutti diversi, se non badiamo, oltre che alla forma della singola frase, anche al testo che la precede e segue, al co-testo testuale, e ancor più al contesto, alla situazione in cui si trova o possiamo ipotizzare che si trovi il produttore dell'enunziato parlato o scritto. Il capire è un *intelligere*, un saper collegare la forma linguistica che il parlare o lo scrivere evoca e ciò che gli e ci sta intorno. Ieri non avremmo saputo dirlo. Oggi, grazie alle nuove tecnologie, lo possiamo. La comprensione di un testo è ed è stata sempre ipertestuale, nasce ed è nata sempre, da quando possediamo la parola, da un più o meno faticoso intreccio di percorsi eterogenei che il comprendente intelligente chiama più o meno felicemente a convergere verso la conquista del senso di ciò che ode o legge.

maggio 2000

36.

CONTRADDIZIONI DELLA CULTURA CONTEMPORANEA*

Ad Antonio Ruberti

τούτου γ' ἑσπομένοιο καὶ ἐκ πυρὸς αἰθομένοιο / ἄμφω νοστήσαιμεν, ἐπεὶ περίοιδε νοῆσαι

Se questi davvero mi sarà compagno, anche da un fuoco bruciante noi due torneremo fuori, poiché lui più d'ogni altro ha appreso ad avere idee

Omero, *Il.*, X, 246-47

Se hanno ragione quegli studiosi che insistono nel segnare fortemente il distacco tra la contemporanea cultura dell'informazione e le culture dell'età industriale[1], dobbiamo rassegnarci a far fronte a modi di vita che sempre di più dipendono, nel loro dispiegarsi produttivo e organizzativo, da ipotesi circostanziate su bisogni, risorse, variabili interattive estrapolabili dal presente e collocabili nel futuro. In effetti, nelle nostre odierne culture, mai come per il passato la capacità di controllare sviluppi futuri è da pregiare. Rispetto alle culture e società agricole, dipendenti dal passato, e alle cul-

* Relazione tenuta al convegno *Il bambino e la scienza*, Scandicci 17-12-1984, da «Scuola e città», XXXVI (1985), 5-6, pp. 208-13.

[1] Rinvio per ciò a *La cultura del molteplice*, «Rivista IBM», XX (1984), 4, pp. 24-27.

ture e società industriali, dipendenti dal presente, le nostre dipendono dal futuro. Eppure (ed ecco, se si vuole, una prima antinomia) sulla soglia di un discorso volto a delineare e intendere qualche tratto di questa inedita cultura che stiamo costruendo e vivendo, il miglior simbolo di ciò che alla fine dell'analisi emerge come ideale regolativo del sistema formativo è reperibile in uno dei testi più antichi della nostra tradizione culturale, in quel grande e, in quanto tale, misconosciuto poema di pace che è l'*Iliade* di Omero. Ma su tale simbolo torneremo, come si accennava, alla fine.

Sono ormai molti i ricercatori che, restando nell'ambito degli studi, e quindi fedeli al principio del «provando e riprovando» senza preconcetti, sono interessati a reperire e valorizzare elementi di continuità tra il mondo umano e il mondo degli altri animali. Chi ha letto gli scritti di Danilo Mainardi, sa che già il solo dire «gli altri animali», e non «gli animali», significa agitare una bandiera che richiama all'unità dei viventi, piuttosto che a invalicabili Rubiconi. Così, altrove si è cercato di sottolineare elementi di continuità tra forme di comunicazione degli altri animali e forme umane, tra cui primeggia il linguaggio verbale[2]. E, se il bel lavoro d'un nostro astrofisico, Edoardo Proverbio, sulla comunicazione interstellare, ci dice che è altamente improbabile che qualcuno di noi oggi viventi possa trovare tracce sicure di comunicazione intelligente nel cosmo, tuttavia, se mai ciò dovesse darsi, è probabile che elementi di continuità reperiremmo anche tra la vita umana e la vita di altri viventi nella Galassia.

In questo quadro di riconoscimento della continuità, trovano giusto posto le constatazioni di differenze. Non solo gli umani, ma anche altre specie animali hanno la capacità di trasmettere da una generazione all'altra informazioni per via non genetica, cioè per via di ammaestramento e comunica-

[2] Cfr. *Fantasia delle grammatiche*, introd. a R. Hinde, *La natura della comunicazione*, p. I, di *La comunicazione non-verbale*, Laterza, Roma-Bari 1974, 1977[2], pp. IX-XXXVIII, e *Minisemantica dei linguaggi non-verbali e delle lingue*, Laterza, Roma-Bari 1982. Il lavoro di E. Proverbio, *Civiltà extraterrestri e comunicazioni interstellari*, sta in «Atti della Fondazione G. Ronchi», XXXV (1981), 1-2, pp. 196-237.

zione, ossia per via culturale[3]. Ma, a nostra conoscenza, nessuna specie, nemmeno le più capaci di socialità, apprendimento e gioco, dalle api, ai delfini, a scimpanzè e gorilla, ha lo stesso grado di capacità culturale degli umani. Nessuno ha sviluppato altrettante forme profondamente differenziate e mutevoli di culture, funzionali (o addirittura identiche) alla alta capacità adattativa della specie umana. La molteplicità delle culture e il loro relativamente rapido succedersi nel tempo, in una parola (per usare termini tecnici dei linguisti) la loro variabilità culturale diatopica e diacronica, caratterizzano la storia della specie nel tempo storico e, più indietro, fin dove riusciamo a spingere lo sguardo nella preistoria[4].

Per centinaia di migliaia di anni la nostra specie ha vissuto secernendo culture diversificate nel tempo e nello spazio in relazione alle differenti risposte da elaborare per meglio organizzarsi nei vari ambienti e circostanze. Certamente, a mano a mano che culture differenziate hanno assunto consistenza nello spazio e nel tempo, prima col nomadismo, poi con le migrazioni e i commerci, le culture sono entrate in contatto reciproco: già in fase preistorica abbiamo ampie tracce di ciò[5]. L'avvento delle scritture ideografiche, sillabiche, alfabetiche ha reso meno necessitati, limitati e inconsapevoli i contatti, più durevoli i loro effetti. L'area della Mezzaluna fertile, tra protostoria e piena storia, è stata percorsa da un fitto reticolo di comunicazioni scritte multidirezionali. Anche attraverso ciò quelle culture si fecero fatti pienamente consapevoli della pluralità linguistico-culturale del genere umano[6].

[3] Per la nozione larga di *cultura*, alla cui elaborazione grande è stato il contributo di antropologi e demologi, come, in Italia, Alberto Cirese, cfr. Danilo Mainardi, *L'animale culturale*, Rizzoli, Milano 1974, e *Cultura*, in *Enciclopedia europea*, Garzanti, Milano 1976 sgg. e il mio *L'Italia delle Italie*, Editori Riuniti, Roma 1992[3], pp. 5-16.

[4] R. Furon, *Manuale di preistoria*, Einaudi, Torino 1961, pp. 209 sgg., 232 sgg.; G. Camps, *La préhistoire. A la recherche du paradis perdu*, introd. di P. Chaunu, Perrin, Parigi 1982, pp. 135 sgg., 152 sgg., 206 sgg., 287-301 e *passim*.

[5] Camps, *op. cit.*, pp. 317 sgg., 354 sgg., 412 sgg.

[6] Atti del convegno *Bilinguismo e traduzione nell'Antico Oriente*, in «Vicino Oriente», III (1981), pp. 287-95.

Soprattutto, la scrittura ha moltiplicato le possibilità di interazione attraverso le generazioni, in tempi anche lunghi, plurisecolari. Duemila, tremila anni dopo la fase d'avvento delle scritture, Abelardo doveva dire (*Carmen ad Astralabium filium*, vv. 957-60):

Sic et Aristotelem, cum praeceptore Platone,
Praesentes nobis propria scripta tenent;
Sic reliqui tales verbis aliquando locuti,
Nunquam desistunt per sua scripta loqui.

Così abbiamo vissuto per millenni: con molte differenziate culture, reciprocamente interagenti a mano a mano che una veniva in contatto con qualche altra, attraverso spazi ed epoche.

Oggi, la pluralità di culture di cui nel suo complesso la specie si è mostrata capace ci ricade, se così posso esprimermi, addosso. Culture diverse irrompono, contemporaneamente, le une nelle altre. Da decenni, non soltanto nei Paesi a più alto sviluppo tecnologico e scolastico, viviamo una *cultura della compresenza*. Non lasciamo soltanto agli storici del futuro il capire come essa si è andata formando e quale fisionomia ha. Cerchiamo di capirla e di capirci. E sarà subito il caso di dire, per evitare la tentazione di correggerla o sognare di correggerla con semplificazioni, che essa viene da lontano.

La cultura della complessità che oggi viviamo è generata da processi costitutivi di ciò che, in Europa e in Occidente, chiamiamo mondo moderno. Dal Rinascimento, il senso della dignità di ogni essere umano, più anticamente proprio solo di cerchie ristrette come il *kêpos* epicureo e le comunità protocristiane disegnate negli *Actus Apostolorum* e nella *Didachè*, a mano a mano che si diffonde porta a cercare di salvaguardare l'esistenza d'ogni persona. La ricerca di benessere comune si traduce in ricerca di profitti e, complementarmente a questa, in ricerche sia pure, serbatoio di conoscenze di base volte a capire sempre più e meglio il ruolo degli esseri umani nel cosmo, sia applicate, volte cioè a sfruttare le ricerche pure al fine di elaborare tecniche innovative di estrazione e trasporto di materie prime, di produzione di alimenti e altri beni, di organizzazione sociale ecc., tecniche coordinate in sempre più complessi sistemi, le tecnologie[7].

Gli stessi sviluppi della cultura intellettuale storica, filosofica, socio-antropologica, fisico-naturalistica, logico-matematica, e delle tecnologie hanno agito come moltiplicatori sul processo stesso e sulle sue radici ideali, accelerandone sempre più il corso, dilatandone gli effetti a società e popolazioni d'area non occidentale, determinando dappertutto nel pianeta alcune linee caratteristiche interconnesse in cui possiamo scorgere la fisionomia di questa *finis saeculi*. Proverò ad enumerarle, sulle orme di ciò che più volte è stato fatto negli ultimi anni da teorici del cambiamento culturale e futurologi, dopo Alvin Toffler e Abraham Moles[8]:

1) compresenza di più generazioni, portatrici di strati culturali diacronicamente differenziati (le scienze biomediche e le tecnologie dell'organizzazione e assistenza sociale hanno qui i più diretti effetti);

2) coesistenza di culture e lingue diatopicamente diverse, e ciò non soltanto nella consapevolezza intellettuale di cerchie ristrette di addottrinati, ma nella realtà socio-culturale generale (qui, l'effetto diretto è quello delle tecnologie dei trasporti e della riproduzione e trasmissione dell'informazione iconica, verbale ecc.);

3) interdipendenza dei sistemi produttivi, delle economie e delle società: è la «mondializzazione dell'economia», cui cooperano può dirsi tutte le tecnologie;

4) dilatazione di livelli crescenti di istruzione di base e mediosuperiore, conseguenza e premessa dei fenomeni su indicati;

[7] Di questa distinzione tra tecnica e tecnologia ho potuto discutere a lungo con A. Ruberti, del quale si veda ora l'introduzione ad AA.VV., *Tecnologia domani*, a cura di A. Ruberti, Laterza, Roma-Bari 1985.

[8] A. Toffler, *Lo choc del futuro*, Rizzoli, Milano 1971; A. Moles, *Sociodinamica della cultura*, Guaraldi, Firenze 1974.

5) compresenza di stili di vita radicati in epoche e luoghi inizialmente lontani all'interno d'una medesima area geoeconomica e geoculturale;

6) dilatazione del sapere in tutte le sue varietà, la cui stessa catalogazione è ormai problema.

Come si è accennato, l'ipotesi è che questi caratteri siano interconnessi, non siano concepibili in sequenza lineare. Non solo ciascuno di essi, ma il loro modo di interconnessione spinge a parlare, guardando alla cultura d'oggi, di cultura della compresenza a volere essere più precisi, di cultura della compresenza e dell'intrico, una nozione che Paul Veyne ha messo giustamente al centro della teoria della storiografia in un libro che, almeno in Italia, non ha avuto sufficiente fortuna[9]. Non riusciamo a ordinare i fatti in una sequenza di rapporti di causa e di effetto, premessa e conseguenza. In ogni punto del loro prodursi ne sappiamo abbastanza per vedere che essi interagiscono e si sostengono vicendevolmente. L'espandersi dell'istruzione è conseguenza dell'espandersi del sapere scientifico, certamente; ma ne è anche la premessa necessaria. I fenomeni ci appaiono come tralci di una pergola, in cui ciascuno è sostenuto da un altro e, perciò stesso, lo sostiene. La nostra logica linearizzante si trova in difficoltà dinanzi a fenomeni di questa natura. Ed è questa probabilmente la prima, più profonda contraddizione in cui si impiglia la cultura contemporanea: nello sforzo di capire se stessa, essa deve mettere a repentaglio i modelli di comprensione critica e scientifica su cui a lungo si è edificato quel sapere che è tanta parte della cultura stessa.

Altre difficoltà di comprensione ci si prospettano se ci riferiamo in particolare a quest'ultima realtà ora evocata, al sapere nelle sue articolazioni, a ciò che con un sostantivo singolare assai ottimistico si chiama *la scienza*.

Certo nel persistente uso di un sostantivo singolare per denotare l'insieme delle articolazioni del sapere denominabile

[9] P. Veyne, *Come si scrive la storia*, Laterza, Roma-Bari 1973.

scientifico si può trovare una traccia estrema di quelle aspirazioni all'unità del sapere che, come tra breve vedremo, percorrono, variamente atteggiandosi, i gruppi intellettuali d'età moderna. Ma rendiamoci conto che le cose che copre quell'etichetta al singolare sono assai eterogenee. Nell'uso di alcuni, relativamente screditati nelle comunità scientifiche pagate da enti pubblici (ma è nel bel problema ricorrere a questa implicita discriminante tra non scientifico e scientifico in quei Paesi con università quasi interamente o assai largamente sovvenute da soli privati, come Usa e Giappone), i confini di significato della parola si spingono fino ad abbracciare astrologia e occultismo: c'è chi parla di «scienze dell'occulto». Ma anche se rifiutiamo questi usi, con qualche ragione che riteniamo di avere (o che abbia qualcuno di cui ci fidiamo), non resta meno eterogenea la mercanzia contenuta nell'immane contenitore su cui scriviamo *scienza*: dall'analisi algebrica alle scienze dell'antichità, dalla conchiliologia alle neuroscienze, dalle scienze sociali alla termodinamica.

Nelle relazioni e negli interventi del convegno di Scandicci sul bambino e la scienza, molti, quasi tutti, hanno deciso di riferirsi con questa parola soltanto a una parte della collezione d'oggetti che sta nel contenitore. E precisamente, pare a oggetti di quella stessa parte che Ludovico Geymonat contempla nella voce *scienza* della recente *Enciclopedia europea* di Garzanti. Qui a Scandicci si è parlato di scienze mediche (poco, per la verità), un bel po' di meccanica dei liquidi e dei solidi, di astronomia, poco, ma con molto rispetto, di matematica, un qualche po' di scienze della natura, un po' anche di informatica.

Perfino se accettiamo la restrizione di Geymonat, se, insomma, riduciamo le scienze a quelle soltanto che si professano oggi in una facoltà italiana di scienze matematiche, fisiche e naturali, i più esperti, oggi, di questo insieme sanno che: a) si tratta di complessi di conoscenze e di procedure e stili di lavoro (stili perfino nel senso riduttivo, stilistico, come altrove si è detto) intorno a tali complessi; b) complessi di conoscenze e complessi di procedure per molti aspetti rilevanti sono, sia gli uni sia le altre, molto eterogenei.

Possiamo scegliere come aspetti rilevanti la complessità della materia studiata, il grado di riducibilità ad altre scienze, il grado di coerenza formale interna, la rilevanza che ha, nel costituirsi e svolgersi di indagini, la opinabilità sociale ecc.: sempre troviamo che le scienze, anche in senso assai restrittivo, sono disperse su scale tanto lunghe e snodate da risultare difficilmente riducibili a unità[10]. Proprio questa eterogeneità intrinseca anche dell'insieme così ristretto rende poco più che una pretesa corporativa l'idea di escludere dalle scienze quelle con oggetti particolarmente complessi e con meno forte coerenza formale o con frequente alta opinabilità, come sono spesso le scienze tecnico-progettuali e quelle antropologico-sociali, umane, storiche, filosofiche.

Si includano o no queste tra le scienze, in ogni caso oggi chi potrebbe offendersi sentendosi dire che, di ciò che legittimamente si chiama *scienza*, egli conosce una porzione ben piccola rispetto al cumulo crescente delle conoscenze e procedure convalidate?

Eppure, ed eccoci dinanzi a una seconda contraddizione, crediamo di sapere che tutte le articolazioni di questo universo, le cui galassie sfuggono ormai alle possibilità di dominio dei singoli, sono interconnesse, e di continuo ci pare di constatare la loro correlabilità e l'opportunità delle loro interconnessioni.

Qui non è il caso di sviluppare oltre la riflessione su eterogeneità e unità o unificabilità degli studi scientifici: l'abbiamo sbozzata soltanto per mettere in evidenza una condizione di difficoltà dinanzi a cui si trova la nostra cultura intellettuale, in conseguenza dello sviluppo stesso del sapere scientifico.

Dinanzi alla cultura della compresenza e dell'intrico, dinanzi alla mole smisurata e crescente delle conoscenze che diciamo scientifiche, la cultura intellettuale e i sistemi scolastici e, più

[10] Rinvio perciò a quanto scritto in *Linguaggi scientifici*, in *Ai margini del linguaggio*, Editori Riuniti, Roma 1984, pp. 60-83.

in genere, formativi vivono, non solo in Italia, il dramma d'una disperante difficoltà di controllo di ciò che noi stessi abbiamo provocato e che va sviluppandosi.

Nella scuola e fuori, due tentazioni ricorrono di continuo e ci sollecitano per uscire da questa condizione di disparità tra le nostre forze e capacità formative e il mondo della complessità culturale e scientifica. Entrambe le tentazioni vanno a mio avviso evitate. Ma anzitutto gioverà identificarle.

La prima tentazione è quella della semplificazione. Per quanto a prima vista possa apparire ingenua, le società contemporanee e forse tutti noi singoli non ne siamo mai abbastanza vaccinati. Un uomo fine e riflessivo, uno scienziato noto e rispettato come Giuliano Toraldo di Francia ha potuto lasciarsi andare ad affermare che è la televisione il peggiore di tutti i mali e che, sopprimendola, tutto tornerebbe a posto nell'educazione dei fanciulli e nella scuola. È un luogo comune del filisteismo internazionale, questo. Ovviamente non vogliamo qui assolvere né la cattiva qualità di trasmissioni televisive, né il cattivo uso dell'udienza televisiva come premio o come fonte totalizzante di intrattenimento. Ma mediocri spettacoli e informazioni e perverse abitudini oziose troverebbero facilmente altri canali, e sempre hanno saputo trovarli, anche a televisione azzerata o inesistente. Nell'analisi semplificatrice di Toraldo la televisione fa da parafulmine della rivolta, di cui anche un uomo intelligente può essere preda, contro la complessità. I politici che pensano di risolvere i problemi della fame mandando scatolette nei Paesi del Terzo Mondo; chi spara a manager industriali o dirigenti politici; l'ossessione anticomunista; i razzismi, lo stalinismo, i fascismi, i clericalismi e anticlericalismi d'ogni risma offrono un'estesa gamma di varianti degli esiti tragici cui può trascinare l'idea che la complessità si possa fronteggiare sopprimendo, spesso in senso proprio e violento, uno dei suoi elementi: la semplice fame di cibo d'una popolazione africana, il tale o tal altro dirigente, i comunisti, i negri o gli ebrei o i curdi, i trotzkisti e i non comunisti, i liberali e democratici, i non cattolici o i preti cattolici ecc.

Anche il sapere scientifico e le tecnologie avanzanti sono state ripetutamente oggetto di tentazioni, talora di veri e propri tentativi semplificatori, volti alla soppressione. Ned Ludd non ha mai avuto tanti seguaci come in questo secolo: il secolo del tronfio scientismo, che ha preteso (e a volte ancora pretende) di espungere dall'orizzonte delle scienze gli studi a più alto coefficiente di antropicità; che, anche, è il secolo del contrapposto tentativo di considerare pseudoscienze la matematica, la fisica, le scienze naturali, vere scienze essendo solo le *Geisteswissenschaft*, e dell'oppressivo *diamat*, che ha costretto per decenni al silenzio in vaste plaghe del mondo biologi, psicologi, linguisti, sospetti di praticare scienze borghesi o in modo borghese le scienze.

Con la cultura della compresenza e dell'intrico, con lo scarto tra il sapere comune e tradizionale e le articolazioni scientifiche del sapere dobbiamo fare i conti senza illuderci di rafforzare le capacità di controllo attraverso espunzioni e soppressioni violentemente semplificatrici.

L'altra tentazione cui siamo soggetti, specialmente nei confronti del sapere scientifico, è quella di restaurare o instaurare il controllo per sommatoria. È la tentazione dell'enciclopedia, o meglio di un uso improprio dell'enciclopedia.

Essa si presenta criticabile per due aspetti, se ci teniamo al senso corrente di enciclopedia: una somma del sapere nelle consuete enciclopedie non può che essere puramente verbale, sommatoria di nozioni ripetute e apprese ripetitivamente, piuttosto che educazione al controllo della produzione e effettiva utilizzazione del sapere; inoltre, tale sommatoria è inevitabilmente in perenne ritardo rispetto all'impetuoso erompere di sempre nuove acquisizioni scientifiche e tecnologiche. Ottimi strumenti di primo accesso, le enciclopedie usuali mal rispondono al fine d'un pieno controllo del sapere specialistico.

Ma è questo l'unico senso, l'unica idea di enciclopedia?

Non soltanto in manuali e in trattazioni sintetiche e, appunto enciclopediche, l'idea moderna di 'enciclopedia' è collegata al clima del Settecento. Si fanno i nomi di Ephraim Chambers, il cui *Universal Dictionary of Arts and Sciences* apparve nel 1728, e dell'*Encyclopédie* di Diderot e d'Alembert, l'Enciclopedia per eccellenza. In realtà, l'idea va però retrodatata. Bene ha fatto Walter Tega, in recenti contributi[11], a collegare l'enciclopedismo settecentesco alle idee sulla *mathesis universalis*, sulla *scientia generalis* che vengono elaborate dal pensiero europeo del Cinquecento e da Cartesio. Ma, soprattutto, è, a mio avviso, necessario risalire dal Settecento a quell'immenso patrimonio di pensiero e progetti che è negli scritti editi e inediti e nei carteggi di Leibniz, per trovare una proposta di enciclopedia dinamica, *in progress*, ben lontana dai rischi della banale sommatoria enciclopedica.

Ingegnere ed etimologista, matematico e storico, logico e teorico dei linguaggi, politico impegnato e naturalista, nel cuore della crisi che porta la coscienza europea dal terribile secolo delle guerre di religione al secolo dei lumi e della ragione, Leibniz per primo esprime in tutta la loro portata le tensioni che gli sviluppi tecnici e scientifici, la compresenza di tradizioni culturali e linguistiche diverse avevano ormai creato, per gli uomini del mondo moderno, tra sapere specialistico nelle sue divaricate articolazioni e sapere e parlare comuni.

Certo Leibniz, se non altro per la sua poliedrica, immensa attività, ma anche per l'interna complessità di pensiero ed esperienze, assume aspetti assai diversi ai nostri occhi. Come l'esecontàlito multicolore dei gemmarii tardoantichi e medievali, o, piuttosto, come misterioso robot ultraterreno (così lo ha immaginato Enzensberger in una delle più straordinarie liriche di *Mausolaeum*), egli lampeggia di luci assai varie. Non è illegittimo vederlo come un prosecutore della linea cartesiana di ricerca d'un'unificazione di un sapere di cui in realtà si avvertono ormai le scissioni e fratture. Ma nemmeno si può ignorare che della profondità di tali fratture, delle vere e proprie scissioni di linguaggio, egli è consapevole come mai alcuno per l'innanzi (e pochi nel seguito). Nella consapevolezza di tali fratture sprofonda le sue radici il progetto, il *Con-*

[11] *L'Unità del sapere e l'ideale enciclopedico nel pensiero moderno*, Il Mulino, Bologna 1983, e *Arbor scientiarum. Enciclopedie e sistemi in Francia da Diderot a Comte*, Il Mulino, Bologna 1984.

silium, come egli scrive nel suo latino, di una nuova enciclopedia. Non più opera di un singolo sapiente, che per via analitica faccia discendere da conoscenze supreme le conoscenze particolari (anche se questo sogno non cesserà anch'esso mai di attrarre l'attenzione del Leibniz logico e metafisico, vagheggiatore di una *ars characteristica universalis*), ma opera compromissoria e contingente di una società di esperti che leghino e rileghino incessantemente il procedere dei singoli campi di esperienza e conoscenza al tessuto del sapere e del parlare comuni, in funzione di una utilità collettiva, storicamente determinata.

Questo progetto, più volte rielaborato da Leibniz, mai realizzato, è il suo lascito maggiore all'età dei lumi. Ma anche a noi, oggi. Chi legge il *Consilium de nova Encyclopaedia conscribenda* vede che in Leibniz (almeno in questo segmento del suo pensiero) non c'è velleità di appiattimento dei diversi settori del sapere in un'unica scienza, in un unico omogeneo linguaggio. C'è l'esigenza d'un raccordo, certo, ma non quella pretesa di riduzione a un unico linguaggio (quello delle matematiche o delle scienze fisiche o al «linguaggio delle cose d'ogni giorno») che ancora poco meno di cinquant'anni fa animava una parte notevole della scienza europea e americana confluita, durante il conflitto mondiale, nelle università statunitensi.

Nel cuore di altre crisi, a un passaggio che ci appare epocale, anche a noi si impone la coscienza della multiforme irriducibilità dei linguaggi e delle esperienze dei diversi campi di studio, di attività tecnica di organizzazione della vita sociale e intellettuale; e insieme, parimenti acuta, abbiamo la coscienza dell'urgenza di raccordi, d'una riorganizzazione del sapere che ne consenta l'accesso libero e largo, la più larga transitabilità. Allo scadere di un altro secolo terribile, siamo forse tratti ad essere *naturaliter leibnitiani*, naturalmente leibniziani.

Che fare per realizzare il *consilium* leibniziano, il progetto di un'enciclopedia in perenne movimento, che di continuo crei raccordi tra il linguaggio e sapere comune e i linguaggi e le procedure delle scienze e tecnologie, e crei tali raccordi in modo che l'accesso ne sia garantito largamente?

Le difficoltà nel rispondere a questa domanda, nel costruire risposte socialmente utili, istituzionali, effettive, non sono soltanto italiane. Il bisogno di ripensare cultura e sapere contemporanei è oggi diffuso, la difficoltà drammatica di adeguare a ciò i sistemi formativi di base, medi e superiori è una difficoltà planetaria[12]. Specificamente italiano è, forse, solo il dramma dell'inerzia, dei rinvii, del ritenere, come ha detto più volte Antonio Ruberti, irrilevante la variabile tempo nei processi di riadattamento delle istituzioni dinanzi al fluire incalzante delle innovazioni. Italiano è solo il dramma del credere di potere vivere e sopravvivere alla giornata.

In Italia come altrove la via per fronteggiare i problemi posti dall'accumulo di innovazioni nella cultura e nel sapere e dal consolidarsi della cultura della compresenza, passa attraverso le istituzioni formative, attraverso l'educazione: soltanto per questa via può sperarsi di realizzare il necessario salto delle competenze collettive e individuali.

Quali traguardi assegnare a questo salto si intravede dopo quanto si è detto. Non importa né l'accumulo di nozioni e di capacità di ripetere procedure date, né l'adesione a metodi più o meno formali. Come è stato ben detto da Carlo Bernardini, non in ciò sta la scientificità, ma piuttosto in una disponibilità a interrogarsi e a utilizzare innovativamente i dati. L'affermazione è particolarmente importante per essere fatta da un fisico. Essa conforta la tesi, altrove espressa[13], secondo cui una capacità insediata nella nostra stessa comune capacità di parlare, e cioè la capacità di riflettere sui nostri enunciati e metterli in discussione, mettendo in discussione noi stessi, è la matrice del pensiero nelle sue forme più sofisticate e razionali, è la matrice del sapere critico (consapevole dei limiti di validità dei suoi asserti) e scientifico (esibente procedure e condizioni di

[12] Per una prima sommaria analisi rinvio a *L'Università*, in AA.VV., *La scuola indiana verso il 2000*, La Nuova Italia, Firenze 1984, pp. 630-38.

[13] *Aspetti del linguaggio e ruolo intellettuale delle parole*, comunicazione al convegno dell'Accademia dei Lincei *L'unità dell'essere*, Roma 1984, ora in *Ai margini* cit., pp. 84 sgg.

verifica degli asserti). La forza di tale sapere non è nel senso di certezza che lo alona. Tale senso è certo maggiore per altre forme di sapere e di credenza. La sua forza sta nell'aiutarci a circoscrivere i limiti di validità e i gradi di approssimazione di ciò che diciamo e a metterne in discussione forma e senso, talvolta migliorando l'una e l'altro.

Si può supporre che stimolare la capacità di mettere in discussione il sapere dato e le sue formulazioni, imparando a circostanziarne i limiti di validità, possa stimolarsi attraverso opportune azioni educative promosse dalla scuola e da una più estesa e complessa rete di centri formativi, presenti in tutto il tessuto sociale in modo, rispetto alle età dei fruitori, permanente.

Il dilemma tra istruzione ed educazione è tale o è stato tale ad altri livelli, in rapporto ad altre epoche della storia culturale degli esseri umani. Per rispondere alla sfida che ci sta dinanzi, abbiamo bisogno di tutte le risorse che sorreggono la nostra capacità di cultura e di linguaggio: abbiamo bisogno di istruzione e di educazione. Abbiamo cioè bisogno di formarci alla convergenza e alla divergenza, abbiamo bisogno di sfruttare al massimo sia le capacità di imitazione e di combinazione sia le capacità di invenzione[14]. Ricorrendo a queste capacità possiamo sperare di spingere i bambini di oggi, e gli adulti che vogliono fronteggiare i problemi che ci si pongono, a educarsi a quella che vorrei chiamare *operatività progettuale*: si tratta di imparare a trovare soluzioni effettive, impiegando tutto il sapere dato e accessibile, progettandole all'insorgere di problemi sempre nuovi. «Aver appreso ad avere idee»: il pregio dell'antico Ulisse deve diventare dote comune che la nuova scuola sviluppi in tutti.

Va da sé che le idee non vengono nel vuoto, ma nel pieno di attività programmate e circostanziate, mentre le mani si sporcano al contatto dei «sudici fatti» di campi tecnici determinati. Va da sé che, su questa linea, incontriamo quella de-

[14] Per il nesso imitazione, calcolo, inventività nell'organizzazione del linguaggio verbale (e della cultura) rinvio a *Minisemantica* cit., *ad indicem*.

cisa rivalutazione dell'istruzione tecnica, tanto a lungo e tanto largamente svalutata nella tradizione italiana, e tanto vigorosamente rivalutata fin dai primi numeri della gloriosa prima serie di «Riforma della Scuola», la rivista di Lucio Lombardo Radice. Il suo è un nome d'obbligo a questo punto, come d'obbligo è il nome di Gianni Rodari. Se a questo dobbiamo *Il libro dei perché*, l'appassionata e geniale sottolineatura della centralità formativa dei *perché* infantili, a Lucio Lombardo Radice dobbiamo l'insistente proposta che la scuola della ripetizione e contemplazione cedesse il posto alla scuola dell'intelligente operare, la *Hörsaal* fosse sostituita dall'*Arbeitssaal*, l'*auditorium* dal *laboratorium*. Nella scuola dell'operatività programmata, consapevole, progettuale, può trovare posto la formazione di persone in grado di fronteggiare la cultura della compresenza, di piegarla al meglio senza esserne travolti.

Faremo a tempo, noi tutti, faranno a tempo coloro che controllano i centri dell'informazione e della decisione a farci pienamente consapevoli di tutto ciò? Sapremo, abbastanza rapidamente e largamente, «apprendere ad avere idee»?

1985

37.
QUALE CULTURA PER LE BAMBINE E I BAMBINI*

1. Arrivando tra i banchi, bambine e bambini hanno già una cultura. Dobbiamo averlo chiaro nel momento in cui ci poniamo giustamente la domanda di quale cultura intendiamo offrire a bambini e bambine. Dobbiamo sapere che c'è già una cultura in quelli che arrivano tra i banchi, e tra i moltissimi che tra i banchi non arrivano, specialmente nelle grandi città e in particolare nelle grandi città del Sud. Qui, di là dei dati ufficiali, spesso falsati, sulle totali mancate iscrizioni, abbiamo i dati impressionanti della frequenza reale mancata o desultoria, cioè della mancata scolarizzazione, con percentuali nazionali ancora troppo elevate, ma con percentuali drammatiche nel Sud. Ma non su questo vorrei soprattutto fermarmi. Ciò che importa qui dire è che il bambino che frequenta desultoriamente, fino a realizzare un'assenza pressoché completa dal ciclo scolastico elementare, il bambino e la bambina che evadono (come si dice ancora con brutto termine) l'obbligo scolastico sia di fatto sia spesso anche formalmente hanno una loro struttura culturale tanto quanto i bambini e le bambine che troviamo in mezzo ai banchi, dinanzi alle nostre cattedre.

Questo vale per i bambini dello Zen e della Barona e per i bambini dei Parioli o di via della Libertà. Per togliere ogni aspetto paradossale (se qualcuno lo percepisse) a questa af-

* Dalla relazione al XIX convegno nazionale del Cidi: *La riforma elementare dalla parte del bambino*, da «Insegnare», 10, 1992, pp. 7-11.

fermazione e per capire, per aiutarci a capire, che cosa possiamo e, forse, dobbiamo fare attraverso la scuola, la scuola riformata, vorrei un attimo ritornare all'idea che oggi possiamo e dobbiamo farci di ciò che chiamiamo *cultura*. Dobbiamo avere chiare alcune distinzioni che, specialmente nella tradizione culturale dominante nell'intellettualità italiana, rischiano di non essere chiare.

Una quindicina di anni fa, uno dei nostri maggiori studiosi, Alberto Asor Rosa, ha scritto un importante volume nella *Storia d'Italia* della Einaudi intitolato *La cultura*. Invito a leggere questo istruttivo volume, e a leggerlo criticamente. Ma anche solo sfogliando l'indice dei nomi, che è in fine di questo volume, ci si accorge che sia il gruppo di storici che ha commissionato ad Alberto Asor Rosa questo lavoro, sia l'editore Einaudi, che è uno dei nostri maggiori editori, sia lo stesso Asor Rosa, nel disegnare la storia della «cultura» italiana dall'unificazione politica del Paese ai nostri giorni, a che cosa hanno guardato? Troviamo nomi di romanzieri, di poeti, di critici letterari, alcuni nomi di filosofi e di storici. C'è perfino qualche giurista. Ma se qualcuno cercasse nomi di persone che si sono occupate di scienze, la ricerca andrebbe quasi totalmente a vuoto. (Non totalmente perché, in una nota, si trova menzionato Federigo Enriques, il grande matematico, ma ci si accorge subito che viene menzionato non per quello che ha fatto da matematico ma perché tantissimi anni fa è stato oggetto di una violenta polemica di Benedetto Croce e quindi è citato, per dir così, di rimbalzo.) L'immagine di «cultura» che Alberto Asor Rosa ci consegna attraverso il suo libro è l'immagine della cultura dominante nella nostra tradizione italiana, l'immagine di una «cultura» fatta essenzialmente di letterarietà.

È chiaro che, se si adotta questa nozione dominante di «cultura», intesa come letterarietà, è un po' forte dire che i bambini dello Zen e della Barona, ma anche le bambine e i bambini di sei anni delle famiglie perbene, arrivano già con una «cultura». Ma sta in piedi questa nozione di «cultura»? Sta in piedi questa visione della cultura come un fatto sostanzialmente umanistico, nel senso più stretto del termine? Non sta in piedi. E credo che dobbiamo fare lo sforzo di ritrovare entro le pieghe stesse della cultura umanistica e degli studi che si chiamavano un tempo *studia humanitatis* o *Geisteswissenschaften* e che oggi chiamiamo *scienze dell'uomo*, le ragioni per accostarci, fare nostra, un'idea, una nozione diversa e più larga di ciò che possiamo e dobbiamo intendere, e, nel mondo delle scienze, intendono molti oggi per *cultura*.

2. La figura 1 propone una partizione che vuol essere solo un'articolazione, non una proposta di paratie stagne, di ciò che oggi intendiamo per «cultura».

Intanto, credo che sia importante per tutto il nostro lavoro distinguere la cultura come *capacità culturale* dalla cultura come *insieme di prodotti*, come repertorio. Può essere utile richiamarci a questa vecchia e rinnovata distinzione: la cultura come capacità (e vedremo capacità di far che tra breve), come energia, *enérgeia* (dicevano i greci antichi e ripetiamo noi in età moderna) e la cultura come insieme di prodotti culturali cioè come *érgon*, come «fatti»; questa è una prima distinzione che dobbiamo tenere ben presente. Le altre distinzioni (non sul fianco in verticale, ma in orizzontale) si rifanno ai termini e ai concetti usati dalle teorie della cultura, dall'antropologia moderna, filtrati e sistemati in un piccolo, agile, brillante libretto, da uno dei nostri più rigorosi antropologi ed etnologi, Alberto Cirese (un volume di nuovo di Einaudi) dedicato a *segnicità* e *fabbrilità*. Queste parole non devono spaventare, esse vogliono dire che la prima cosa che noi impariamo a fare una volta venuti al mondo, entro le possibilità che il patrimonio genetico della specie ci mette a disposizione attraverso mamma e papà, è guadagnare la *segnicità*, cioè la capacità di capire che alcune cose che percepiamo sono segno di qualche altra cosa. Questo processo comincia dai primi giorni di vita e non ha termine se non con la nostra andata al Creatore. È dentro questo processo che si iscrive la capacità di acquisire l'idioma dei nostri genitori (dico «idioma» per non dire «lingua», cioè per designare qualunque tipo di parlata locale o universale e nobile, bassa o alta: al bambino tutto questo non importa nulla) e si iscrive poi la capacità di passare dalla parola ad altri diversi linguaggi, nel corso della nostra vita.

Non vorrei che la frase che ho detto, «la prima cosa che impariamo a fare», suonasse enfatica soltanto. In un laboratorio del Cnrs francese, il Consiglio nazionale delle ricerche scientifiche francese, Jacques Mehler ha condotto negli ultimi anni con la sua équipe indagini impressionanti per i risultati che rivelano, con sicurezza, quel che fino a qualche anno fa non sospettavamo, quando ancora ritenevamo che il processo di accostamento all'idioma materno (di nuovo «idioma», come termine neutro rispetto ad ogni distinzione di virtù, virtù sociale, politica, letteraria dell'idioma stesso) cominciasse di là dei sei mesi di vita. Questo è quello che si legge ancora nei libri anche più aggiornati. Sappiamo oggi che questo non è vero. Sappiamo da queste nuove indagini molto accurate che veramente, mentre cerca il latte della madre o del succhiotto, in quei primi istanti di vita comincia precocemente la ricerca del neonato per orientarsi sulla lingua, non soltanto sulla voce della madre. Il primo giorno cerca soltanto la voce, ma il secondo giorno di vita già la lingua, che gli viene esibita dalle poche e rotte parole che la madre gli sta dicendo. Questa polarizzazione precocissima darà poi i suoi frutti, questi sì, visibili all'esterno soltanto molto dopo, dopo i nove, i dieci mesi. Imparare, attraverso un idioma, a controllare il linguaggio è veramente la prima cosa che riusciamo a imparare a fare, utilizzando evidentemente – e che altro? – il nostro patrimonio genetico, subendo anche i vincoli che il patrimonio genetico ci pone, ma, entro questi, orientandoci e conquistandoci la capacità di controllare repertori di segni e di parole appartenenti a codici, a lingue diverse.

La seconda area più a destra nella figura è quella delle tecniche operative.

Ho letto con interesse ed ho partecipato alla difesa precoce dei nuovi programmi delle elementari. A me pare però che, in questi programmi, l'aspetto delle tecniche operative sia fortemente sacrificato. Credo che non lo si debba nascondere: è cultura anche riuscire a controllare gli strumenti, a saper fare delle cose. Questo di nuovo rinvia a un'idea di cultura che è quella degli antropologi, degli etologi, dei biopsicologi: la cultura è tutto ciò che non deriva automaticamente da quello che il patrimonio genetico ci mette a disposizione, è tutto ciò che sappiamo fare, ma non riusciamo a trasmettere per via genetica, e che riusciamo invece a trasmettere o perché ne parliamo o perché lo facciamo e, facendolo, insegnamo a farlo, insomma tutto ciò che è oggetto di un insegnamento e di un apprendimento.

Infine vi è la capacità di elaborazione cognitiva, che è il dato centrale dei nuovi programmi ed è un dato centrale della nostra vita: la capacità di elaborazione intellettuale sia scientifica, sia artistica, sia letteraria. Nel nostro modo corrente di parlare di cultura, in realtà, questo quadro così articolato è troppo spesso dimenticato. Le pagine culturali o le trasmissioni culturali della televisione sono pagine e sono trasmissioni che, come il bel libro importante, dalla cui menzione sono partito, guardano soltanto ad un angolo in basso a destra della figura: angolo fondamentale, a cui noi dobbiamo moltissimo. Non vorrei che il rilievo suonasse svalutazione, ma «essere colti» significa sì sapere chi era Joyce o aver letto Proust (o fingere di averlo letto); ma anche sapere che cosa, poniamo, è un cavallo e avere un minimo di dimestichezza con il mondo degli animali. Ecco qualche cosa che la nostra tradizione culturale tende a dimenticare, che sia cioè anch'essa, questa dimestichezza, cultura, questo sapere, cultura. La nostra tradizione tende a ritenere invece che, come si dice nei manifesti elettorali, ci sono gli «uomini di scienza» (e non le donne, mi raccomando, gli «uomini» di scienza) «e» «di cultura», come se gli uomini di scienza fossero una specie deculturalizzata. Questa è la nostra ottica corrente e da questa ottica dobbiamo partire per rinnovarci, per renderci conto che il quadro delle capacità e dei prodotti delle capacità culturali, e cioè il quadro di ciò che noi impariamo a fare perché ce lo insegnano, facendocelo credere o parlandocene o immettendoci in processi di addestramento anche manuale e tecnico, è un quadro molto più vasto e composito.

3. Il bambino di piazza Ungheria o del Vomero e quello dello Zen, di Ponticelli, della Barona arrivano tutti già, se arrivano e quando arrivano, tra i banchi con l'essenziale delle capacità

culturali già sviluppate. Vale la pena insistere sul carattere precoce delle tappe decisive di questo sviluppo su cui la scuola non può intervenire (e qualche volta vien fatto di dire: per fortuna), perché interviene ben prima l'ambiente familiare e sociale: dall'acquisizione dello schema corporeo, nei primi mesi di vita, e di quell'esperienza decisiva per tutti gli esseri umani che è il gioco del cucù, la persistenza degli oggetti, fino al sempre più pieno sviluppo di quelle capacità che cominciano ad attivarsi nelle prime 24-48 ore, di quelle capacità di controllare la voce altrui e poi la propria e, attraverso questo, imparare a controllare una lingua, qualunque lingua.

Le bambine e i bambini acquisiscono nei primi 15-16 mesi di vita i presupposti di quelle capacità sia segniche sia fabbrili, operative e manuali sia intellettuali indicate nella figura 1: un qualunque ambiente sufficientemente interattivo rafforza questi presupposti e mette a disposizione delle bambine e dei bambini una prima serie di repertori di cose che sanno riconoscere e spesso sanno fare. Questo avviene al di qua di ogni possibile intervento della scuola. Soltanto casi estremamente gravi di insufficiente interattività dovuti a ospedalizzazione, ad abbandono totale, a inselvatichimento, soltanto quindi

Figura 1

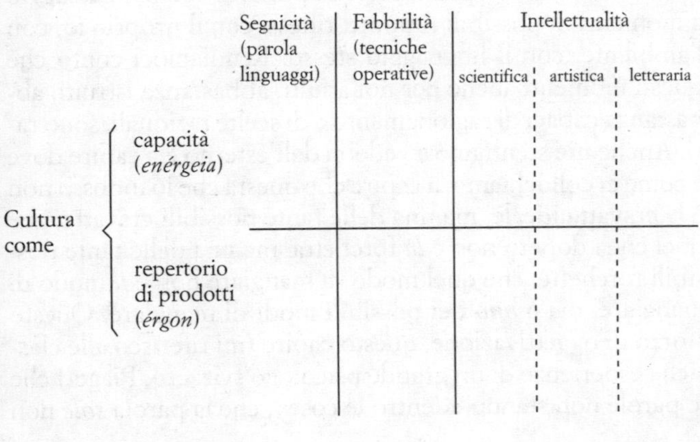

condizioni per fortuna abbastanza rare (ma per sventura non abbastanza rare in tutto il mondo contemporaneo e specialmente nelle periferie suburbane), bloccano lo sviluppo e la crescita, nei primi anni di vita, delle capacità culturali intese come ho proposto di intendere.

Da questo punto di vista, a sei anni il più è fatto. Ci sono ancora due anni cruciali, in cui, se tutto va bene, se siamo riusciti a creare un apparato scolastico efficiente, il bambino va a scuola, e in cui, nella generalità dei Paesi europei, le scuole possono accompagnare un'ulteriore fase terminale che va dai sei agli otto anni di età. La soglia degli otto anni è una soglia che umilia e smentisce ogni nostra pretesa spiritualistica e didatticistica: se entro gli otto anni i piccoli e le piccole della specie umana non sono esposti a una sufficiente interattività, non è più possibile nessun recupero della capacità segnica e delle altre superiori capacità culturali. Il bambino sopravvive come un animale preumano. Lo si può, come sappiamo da tristi esperienze, addomesticare in qualche modo, ma non si va oltre questo. Il bene dell'uso delle potenzialità enormi che lo sviluppo della corteccia cerebrale consegna alla nostra specie non sarà per lui.

Sono quindi due anni ancora molto importanti, ma sono più importanti ancora ad un altro fine perché, come insegnano gli psicologi, sono gli anni in cui le bambine e i bambini cominciano a fare i primi passi importanti verso il passaggio a momenti di possibili rapporti riflessi con il proprio io, con l'ambiente, con il linguaggio stesso. Rendiamoci conto che questi momenti anche per noi adulti, abbastanza istruiti, abbastanza capaci di ragionamento e di scelte razionali, sono rari. Anche noi stentiamo a vederci dall'esterno e a capire dove e come ci collochiamo, a capire che questa che io indosso non è la cravatta ideale, ma una delle tante possibili cravatte, che quel che adopero non è *la* forchetta, ma una delle tante possibili forchette, che quel modo di mangiare non è *il* modo di mangiare, ma è *uno* dei possibili modi di mangiare. Questo sforzo di oggettivazione, questo capire (mi riferisco alle classiche esperienze di un grande psicologo svizzero, Piaget) che le parole non stanno «dentro le cose», che la parola *sole* non sta «nel sole», ma è la mia comunità che me la consegna per chiamare questo per noi importante astro: ecco, questi passi cominciamo a compiere sotto gli otto anni. Essi proseguiranno, se camminiamo bene e se la scuola ci aiuta a camminare bene, cominciando a crearci la possibilità di capire le articolazioni dell'universo culturale al quale nei primi anni ci siamo educati, nel quale abbiamo cominciato istintivamente, in modo irriflesso, a muoverci.

Qui dunque comincia la possibilità di scegliere tra organizzazioni diverse e realizzazioni diverse della nostra capacità culturale. Qui cominciamo ad oggettivarci e ad oggettivare queste articolazioni. È evidente che qui comincia il lavoro della scuola elementare, della scuola in genere, un lavoro che, se questo quadro disegnato ha una qualche validità, se non vogliamo smentirlo, se non vogliamo buttarlo via e sostituirlo con un altro – se qualcuno di noi ne è capace – non può non essere altro che un lavoro a tutto campo. È cioè un lavoro che, per quanto riguarda la nostra tradizione culturale e perfino legislativa, deve partire da una decisa radicale rivalutazione dei momenti manuali, operativi, e del senso che questi hanno nel costituirsi della complessiva capacità culturale dell'individuo: è solo questa rivalutazione che potrà portare dopo, come suo frutto, ad un rapporto diverso con le tecniche e con le determinazioni tecniche. So che è molto difficile questa richiesta che dall'angolo delle riflessioni teoriche viene a chi lavora nella scuola elementare. Questa richiesta urta contro quella che è ancora la legge su cui, nonostante tutto il lavoro degli ultimi anni, ancora poggia l'ossatura del nostro sistema scolastico: la legge Casati. In essa c'è una graduatoria: in alto la cultura letteraria e filosofica, a metà strada quella scientifica, in basso quella tecnica. E questo ce l'abbiamo scritto nel sangue, non solo nei libri, nel nostro essere intellettuali italiani, cattolici, apostolici.

4. Che cosa deve fare la scuola? Rivalutare, certamente anche rispetto alla lettera dei programmi (ma non rispetto allo spirito, perché credo che nello spirito razionale che anima i nuovi programmi ci sia uno spazio per ciò che sto dicendo, come

è stato ricordato negli ultimi anni più volte), rivalutare la capacità di circostanziata interrogazione, che è il primo passo del formarsi di uno spirito scientifico e critico. Il quale non sta nel sapere che cos'è un perissodattilo, evidentemente, ma sta nel sapersi porre in modo circoscritto, non magico, delle questioni, nel capire quali sono i dati che possiamo chiamare a raccolta per elaborare e per verificare delle possibili soluzioni, smentire delle soluzioni già date, costruirne di nuove, e porci altre domande. Ma soprattutto, in complesso, la questione che la scuola ha davanti è quella di far avvicinare le bambine e i bambini ai prodotti di quei repertori, di quegli *érga*, prodotti della cultura, delle capacità culturali, linguistiche, segniche, delle nostre capacità operative, fabbrili, tecniche, delle arti, delle scienze, delle lettere. Ma attenzione: occorre avvicinarsi a tutto questo non per sé.

Dobbiamo avere il coraggio di ricordarci che cosa diceva Benedetto Croce quando affermava che «la storia cammina sui morti». Che cosa voleva dire questa frase? Che uno per uno tutti i prodotti delle nostre capacità inventive e intellettuali, anche i più alti, anche quelli che ci sono più cari, sono destinati a perire. Di per sé, non contano niente. Quello che conta è la capacità di penetrarne il segreto. È la capacità di riprodurli anche imitativamente e, poi, di produrli *ex novo*; è la capacità di muoversi in quello che proporrei di chiamare lo *spazio culturale*.

Che cosa intendere per «spazio culturale» dopo quanto abbiamo detto di questa definizione larga di «cultura» che ci si impone? Uno spazio è definito dalle sue coordinate. C'è uno spazio là dove ci sono, come insegna Cartesio, degli assi; là c'è uno spazio metrico, qualcosa che possiamo misurare e, misurandolo, riusciamo a muoverci in esso. Ebbene lo *spazio culturale* propongo di vederlo definito da tre assi (fig. 2). Il primo, il verticale, è l'asse delle zone, delle regioni su cui insiste un prodotto, in cui ha radice e può circolare un prodotto della nostra cultura. *Guaglioni* è una bellissima parola molto importante, la possiamo dire tranquillamente a Napoli con la speranza di essere capiti; ma man mano che usciamo dall'area napoletana, questo prodotto della cultura ha meno cir-

Figura 2

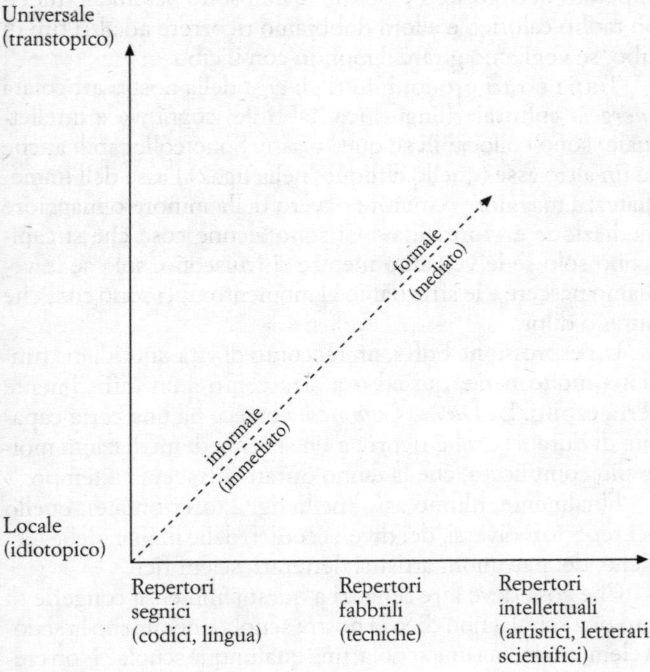

colazione. Dobbiamo cominciare a dire *ragazzo*, *bambino* e se ci allontaniamo ancora, dobbiamo imparare altre parole: alcune hanno una grande diffusione, altre sono molto «locali». In generale le espressioni e formulazioni delle e nelle otto o novemila lingue storico-naturali usate nel mondo sono formulazioni molto spostate verso il «locale»: con l'italiano o con l'inglese o il latino va già meglio, ma dobbiamo arrivare alle formulazioni delle algebre per sperare di avere una grande circolazione planetaria di quello che vogliamo dire.

Questo non riguarda solo le lingue. I panzarotti sono un prodotto culturale eccellente, se sono buoni; ma hanno una circolazione limitata, per esempio non possiamo cibarcene nel deserto del Sahara, a meno che non abbiamo un ottimo apparato di frigoriferi e poi forse non sono nemmeno un cibo molto calorico e allora dobbiamo ricorrere ad altri tipi di cibo, se vogliamo girare il mondo con il cibo.

Tutti i nostri prodotti, tutti gli *érga* della nostra articolata *enérgeia* culturale (linguistica, fabbrile, cognitiva e intellettuale) sono collocabili su questo asse. Sono collocabili anche su un altro asse (quello obliquo, nella fig. 2) l'asse dell'immediatezza maggiore o minore ovvero della minore o maggiore mediazione e «formalità». Ci sono alcune cose che si capiscono solo se le vediamo mentre si fruiscono, solo se le vediamo nascere e le sfruttiamo al momento. E ci sono cose che durano di più.

Un'espressione buffa, un racconto di vita quotidiana funziona molto bene, qui ed ora. Tra cento anni difficilmente verrà capito. La *Divina Commedia* invece ha una certa capacità di durata perché ricorre a un sistema di mediazioni molto più complicato, che la fanno durare attraverso il tempo.

Finalmente, ultimo asse (nella fig. 2, orizzontale): quello dei repertori diversi, dei diversi codici, delle lingue, delle tecniche, dei patrimoni artistici, letterari, scientifici.

Che cosa deve fare dinanzi a questa immensa congerie di fatti una scuola, non dico la nostra scuola e nemmeno la scuola elementare, ma una scuola, una qualunque scuola? Non credo che debba dedicarsi a scegliere alcuni di questi prodotti, alcune aree privilegiate di questi prodotti. Non credo che debba insegnare algebra piuttosto che linguaggio gestuale, che debba insegnare grande letteratura piuttosto che il modo di muoversi sensato e di parlare sensato e ragionevole e anche di esclamare e di produrre interiezioni. Credo che una buona scuola, oggi, la nostra scuola in particolare, debba insegnare alle bambine e ai bambini a muoversi, a sapersi muovere in questo spazio, a sapere, come dice un proverbio napoletano, conoscere le parole, ma anche saperle mettere insieme. Credo che qualche volta tutte le tradizioni scolastiche, non solo la nostra, tendano invece a dimenticare questo, tendano cioè a insegnare parole, parole difficili, possibilmente, piuttosto che le capacità di servirsi del repertorio di parole (scelgo l'esempio delle parole, ma altri si potrebbero dare) per trovare la parola giusta da dire al momento giusto. Il proverbio napoletano (che identifica bene l'inadatto, l'intellettuale) dice: «'e pparole 'e ssape, ma nun 'e ssape accucchià». Ora è chiaro che per sapere *accocchiare* le parole, metterle insieme tra di loro e con le persone giuste al momento giusto, bisogna sapere le parole; ma questa è una condizione necessaria, non sufficiente: è una condizione necessaria sapere le parole per saperle *accocchiare* nel momento giusto, ma è l'*accocchiamento* la cosa che deve importare. Il fine non è tanto la memorizzazione di pezzi di repertori culturali, magari molto spostati verso le formalità e verso l'universalità, come rischia spesso di pretendere la nostra tradizione scolastica, ma è dare la capacità di sapersi muovere in tutto l'universo della cultura, dall'alto al basso: sapere dire al momento giusto la parola molto semplice, immediata, che il nostro ambiente, la nostra coscienza ci suggeriscono. Sapere a memoria il più possibile le terzine di Dante non è male, ma l'importante è saperle utilizzare a dovere, sapere che esistono, sapercisi muovere dentro, sapere riconoscere nel loro diverso valore questi prodotti.

Insomma, la nostra scuola dovrebbe esserci compagna privilegiata nel processo che comunque noi viviamo, anche se siamo buttati fuori dalla scuola: nel processo di acquisizione della capacità di muoverci tra prodotti e repertori sparsi in tutto lo *spazio culturale*. Ci dovrebbe dare il senso dell'estensione e dell'articolazione di questo spazio e la capacità di muoverci in esso.

5. Qui c'è un territorio di frontiera, questa è la nuova frontiera dinanzi a cui ci troviamo: dobbiamo avere il coraggio ed anche lo stomaco di leggere con attenzione quello che giudici dei minori e alcuni sociologi più intelligenti sono andati scrivendo relativamente alla nostra situazione italiana contemporanea nelle grandi città e in modo particolare nelle grandi città del Sud, quando ci dicono che, oggi come oggi, mafia, camorra, 'ndrangheta, l'organizzazione criminale, rischiano di offrire, e offrono spesso, un modello culturale vincente, rispetto a quello che oggi, così com'è, la nostra scuola

offre. Vincente perché dà capacità di movimento, perché insegna a fare cose, insegna a sapere cose con cui sopravvivere, con cui guadagnare, con cui mantenersi e mantenere la famiglia, dà il senso di un'identità, insegna ad oggettivarsi nel marasma delle grandi città. Dobbiamo avere il coraggio di riflettere su queste valutazioni paradossalmente positive per capire quanto in salita e difficile è, da questo punto di vista, il lavoro che la scuola non può non proporsi di fare. E ce la faremo: questo è il nostro Far West. Ma è verso questa meta che dobbiamo andare, cioè verso la meta di costruire un'atmosfera, un clima in cui il rinvio del guadagno immediato appaia appagante, il rinvio della gratificazione immediata di un rapporto positivo con gli adulti, alla pari, appaia appagante: questo è più difficile ancora della riforma, però credo che sia qui il nostro terreno di battaglia, il terreno di una costruzione di una capacità di mobilità nello *spazio culturale* che l'organizzazione criminale non riesce a dare, non sa e non vuole dare. Essa anzi vive sul non sapere e non voler dare tale capacità, ma dà altre cose, naturalmente, immediate e culturalmente di grande rilievo: dà l'*identità* e il guadagno, dà il senso di affermazione. Per vincere l'attrazione, l'egemonia di ciò, su quali strade possiamo sperare di camminare? Che cosa bisogna fare in una classe elementare?

Mi permetto di dire: attenzione, non proponiamo nelle aule solo verbalità, solo razionalità, solo letterarietà. Stiamo attenti a che, guardando giustamente in alto, non dimentichiamo che in alto bisogna arrivarci, arrivarci tutti insieme, arrivarci bene, arrivarci tutti e bene, voglio dire tutti i ragazzi e ciascuno tutto intero. E allora, perlomeno come filosofo del linguaggio, voglio dire che il linguaggio non è tutto, è solo un pezzetto, fondamentale, ma solo un pezzetto della nostra esistenza. Non badiamo solo alla verbalità, alla razionalità, alla letterarietà, perché questo ci espone a quelle che Sant'Antonio Gramsci chiamava le degenerazioni libresche della cultura, al verbalismo, alle chiacchiere su come si fa una cosa come terreno di verifica del saper fare una cosa. Ecco un inizio che ci trasciniamo in alto fino all'università, fino ai concorsi, ma non solo i concorsi per l'accesso ai servizi, ma i concorsi più bizzarri, fino ai concorsi per guide e portatori alpini, che devono svolgere il tema «Le mie montagne» e se non lo sanno svolgere, possono essere bravissimi, ma vengono bocciati, come il signor Albino Rungaldier, che era una delle migliori guide della Val Gardena, ma tra tedesco, ladino e italiano, faceva una confusione estrema, e quando scendeva a valle a scrivere il tema «Le mie montagne» non sapeva scrivere nulla, eppure era il più bravo di tutti nel *fare*. Allora, attenzione a non cadere nel verbalismo.

Consiglio di ripescare l'articolo di Persico in «Riforma della scuola» sul perché e come si studia male fisica nella scuola italiana (e tante altre cose, anche, allo stesso modo si studiano male). Riguarda le superiori? Ma no, quel che Persico dice vale per tutti i livelli di scuola. Dall'istruzione scolastica si impara a ripetere una pagina, ma se la pagina riguarda potenziali e flussi elettrici poi non si è capaci di capire perché surriscalda una lampadina, quella lampadina lì, che sta sul tavolo del professore di fisica, che speranzoso chiede perché. E cioè non chiede neanche di aggiustarla, per carità, ma solo di trasformare in un progetto operativo quello che sta dicendo molto bene la persona interrogata! Allora, attenzione a non eccedere nel privilegio per ciò che è platonicamente verbale, che appare razionale o si propone di esserlo, per ciò che è letterario. Attenzione a non proporre soltanto, immediatamente, prodotti alti e mediati. E non solo perché molti non ci arrivano e ce li perdiamo per strada: e questo, certo, è un problema drammatico della nostra tradizione scolastica. Noi veniamo da scuole che per tre, quattro, cinque generazioni, non si sono vergognate di perdere più della metà delle ragazzine e dei ragazzini che mettevano piede in prima elementare. Ricordiamoci sempre questi semplici numeri: dall'anno scolastico 1901/1902 scese a percentuali inferiori all'1% l'evasione totale della prima elementare. Vuol dire che in qualche modo sono stati invitati, perlomeno sono stati invitati a venire al primo giorno di scuola in prima elementare il 100% dei bambini e delle bambine di questo Paese. E ricordiamoci dell'altro drammatico dato dal quale noi partiamo, il censimento 1951 (non 1851): il 60% della popolazione adulta italiana era o dichiaratamente analfabeta o senza nessun titolo di scuola, di questa scuola.

6. Noi ereditiamo una tradizione scolastica. Noi la stiamo cambiando: l'abbiamo cambiata profondamente in questi anni, e credo che ciò sia avvenuto anche profittando della disattenzione dei gruppi intellettuali per la nostra scuola. Sono successe delle cose fondamentali e positive; però ereditiamo un mediocre funzionamento complessivo e anche una mentalità: noi veniamo da scuole che facevano fuori su 3 bambini 2, sia perché commettevano questo tipo di errori, sia perché parlavano ai bambini, si rivolgevano ad essi dal primo giorno insegnando a leggere e a scrivere una lingua che non conoscevano, la lingua alta. Non che dovessero insegnare il dialetto, i bambini lo sapevano già perfettamente, ci mancava pure che qualcuno *ex cathedra* lo insegnasse. Ma la scuola non ha saputo tener conto di questo, non sa, ancora stenta a saper tener conto di questo e i dialetti sono tutt'altro che spariti e non solo nel Sud e non solo nel Veneto, ma anche nell'Italia centrale e settentrionale: il 66% della popolazione italiana continua ad alternare alla lingua il dialetto, il 13% parla soltanto in dialetto e per chi gira per la città di Napoli o di Venezia è sensibile il fatto che ci si trova dinanzi a civilissime, esemplari capitali d'Italia, in cui il dialetto è del tutto normale. Attenzione, quindi, se *vogliamo arrivare a far sì che tutti sappiano scrivere e leggere in italiano* (ma lo vogliamo davvero? Lo vogliamo per tutti?), attenzione a non partire con l'idea che per far questo si debba ignorare che per 2/3 dei bambini, mediamente, è molto più familiare un dialetto, spesso molto diverso dall'italiano, che non l'italiano.

Questo si può estendere a tutto ciò che noi proponiamo nella scuola e che spesso rischia, come si dice volgarmente, di volare sulle teste dei bambini, di sembrare capito e capito non è. Teniamo d'occhio cioè la realtà con cui il bambino ci viene incontro, quello che sa già fare e facciamone un elemento individualizzato, di forza, dal quale partire per costruire i cammini faticosi per arrivare all'apprendimento di prodotti più spostati sull'angolo in alto a destra dello *spazio culturale* che abbiamo disegnato (fig. 2), più spostati verso l'universalità e verso la formalità, verso i repertori più sofisticati dal punto di vista intellettuale.

Enkýklios paideía, educazione a tutto tondo, educazione di personalità integrali e integre, deve significare curare che si sviluppino tutte le capacità, a cominciare da quelle che il bambino e la bambina, entrando a scuola, già posseggono. Tutto questo può essere chiacchiera: posso difenderlo purtroppo con citazioni, note a piè di pagina, tedesche, greche, inglesi, però rispetto al problema della prassi scolastica rischia di essere chiacchiera; spero solo che possa servire a una lettura migliore dei programmi e dei processi che la riforma finalmente ha innescato.

Ho già affrontato l'ultimo tema, lo *spin-off* sociale di una scuola che riuscisse, che riuscirà, che forse sta già riuscendo, a vincere i modelli di integrazione e di conferimento di dignità che il gruppo camorristico, sulla soglia della scuola – attenzione: a Milano e a Torino, come a Napoli e a Palermo –, dà al bambino e alla bambina; capace di vincere proponendo modelli più forti. C'è una ricaduta sociale, debbo sottolinearlo e dobbiamo sapere che siamo in prima linea. Ecco, appunto, dobbiamo sapere di essere su questa trincea.

Non ho capito bene se non è più di moda o è tornato di moda il discorso sulle vocazioni e sull'impegno, ma non credo che ci siano stipendi, detto francamente, che paghino il lavoro che nel mondo di oggi, in tutto il mondo e nel mondo italiano, gli insegnanti, e soprattutto gli insegnanti elementari, sono chiamati a fare. Forse non sta bene parlare di necessità di vocazione e di risorse d'impegno (e non sto dicendo che gli stipendi non debbano essere più alti: per carità, rendiamoli più alti). Ma non riesco a capire come selezionare un personale abbastanza adeguato se noi, se gli insegnanti, non ci rendiamo conto di quanto è difficile il nostro lavoro e non impariamo ad assolverlo.

7. Non so se ho risposto, o almeno cominciato a rispondere alla domanda «quale cultura per le bambine e i bambini?». Ma mi pare però di dover dire che c'è un problema di *quale*

cultura anche per noi, che pretendiamo di insegnare qualcosa a bambini e bambine; cultura nostra, di noi insegnanti, e cultura nostra di noi soggetti sociali, istituzioni, genitori, famiglie, agenzie di cultura e di socializzazione. Ho già segnalato i punti di frizione con tratti dominanti della nostra tradizione intellettuale, che disprezza la dimensione tecnica, che disprezza tutto ciò che è determinato, che continua a disprezzare tutto questo, un po' chiacchierona, che si lascia trascinare dalle chiacchiere e che chiacchiera essa stessa per sovramercato.

Il tipo di lavoro che viene fuori dalle indicazioni che una parte della cultura intellettuale internazionale dà circa la nozione di «cultura» è un tipo di lavoro da realizzare nelle scuole contro certe perversioni della nostra tradizione intellettuale italiana, e non solo in Italia ma in giro per tutto il mondo sviluppato ed anche nel mondo del sottosviluppo. Quando facciamo appello ad un rinvio, spesso lungo, delle possibilità di guadagni e chiediamo un investimento, anche economico, perché bambini e bambine acquistino una capacità di mobilità e di autonomia nello spazio culturale, di partecipazione autonoma alle decisioni della società e del mondo contemporaneo, andiamo in rotta di collisione contro il consumismo, contro l'atteggiamento consumistico che ognuno di noi si porta dentro. Penso che sarebbe male tacerlo, sarebbe un errore. Dobbiamo sapere che la sfida richiesta dai programmi della scuola elementare è una sfida che ci mette in difficoltà *dentro* la cultura italiana, nel senso che qui si è proposto e difeso, nel senso più vasto e profondo del termine. Questo non deve né gettarci nella costernazione, né farci lasciare da parte il nostro lavoro. Ma dobbiamo riuscire a trovare dei punti di forza, delle alleanze. Per esempio, è certamente importante la resipiscenza che alcuni gruppi del personale politico dirigente, ma anche qualche giornalista più attento, stanno avendo in materia di scuola, perché cominciano a rendersi conto che il mancato investimento in strutture scolastiche, in personale qualificato, in presenza reale di una scuola capace di produrre modelli efficienti di elevazione verso la cultura intellettuale, verso l'etica della solidarietà, questo mancato investimento si sta ritorcendo drammaticamente e dappertutto, in qualsiasi Paese, contro la tranquillità, la stabilità, il benessere di tutta la società civile. È un discorso molto riduttivo, ma è importante. Anche costoro sono dei potenziali alleati di una scuola nuova, diversa: quelli che capiscono, e avvertono, le conseguenze, in termini di ordine pubblico, della mancata scolarizzazione o della cattiva scolarizzazione. Ma ci sono certamente alleanze che partono da motivazioni meno utilitaristiche, più complesse, dentro la società italiana. Dobbiamo trovarle, perché ci sia consentito di fare nella scuola questo lavoro di costruzione e di miglioramento delle capacità di movimento nello *spazio culturale*.

1992

38.
DISTANZE LINGUISTICHE E SVANTAGGIO SCOLASTICO*

1. *Modelli teorici per descrivere lo svantaggio*

Sono note le possibilità di interpretare i fenomeni di svantaggio scolastico (e, dalla scala di Binet-Simon in poi, gli stessi dislivelli di quozienti di intelligenza) come effetti e perfino come forme di svantaggi linguistici. Più neutramente, senza pretese di investire ciò che chiamiamo 'intelligenza', in alcuni sistemi scolastici, come è anche noto, si sono istituzionalizzati test analitici di individuazione dei livelli di comprensione e produzione linguistica come misuratori e predittori di generale profitto intellettuale e scolastico, come mostrarono a loro tempo L. Thorndike, nei suoi *Fundamentals of Learning* del 1932 e George A. Miller, in *Language and Communication* del 1951. Lo svantaggio linguistico, una volta creatosi, se non viene eliminato ha quindi un ruolo chiave negativo nel bloccare la crescita intellettuale, e non solo, nella scuola e oltre.

Per descrivere lo svantaggio linguistico sono largamente circolanti due diversi tipi di modelli.

1) Alcuni modelli sono coetanei di una dominante visione behavioristica dell'apprendimento e del linguaggio, e tut-

* In A. Colombo, W. Romani (a cura di), *È la lingua che ci fa eguali*, Atti del VII convegno nazionale del Giscel-Gruppi di intervento e di studio nel campo dell'educazione linguistica (Modena, novembre 1994), La Nuova Italia, Firenze 1996.

tavia sono irriducibili alle forme esplicite e rigide di tale visione. Essi inquadrano e misurano i dislivelli di capacità soprattutto a) in termini di diverso grado di possesso del lessico potenziale (oggi molti direbbero mentale) di una certa lingua, a partire dal lessico di più alta frequenza, e b) in termini di diversa capacità di controllo di frasi di complessità crescente, commisurata alla lunghezza delle frasi in numero di morfi (parole) e/o di sillabe. Tali modelli, implementati con considerazioni di sfondo socio-linguistico, si traducono nel semplicistico modello bernsteiniano che oppone gli svantaggiati portatori di un presunto codice ristretto ai privilegiati portatori di un codice allargato;

2) Altri modelli traggono da Chomsky la parola *competence* (ma non il rigore della sua impostazione teorica) e si ingegnano ad avventurarsi sul terreno delle diversità di *performances* inquadrandole in una proliferante schiera di 'competenze': sintattica, semantica, fonologica, naturalmente, e poi morfologica, lessicale, prosodica, conversazionale, testuale ecc.

Non insisterò qui sulle possibili critiche di ordine più astratto e teorico a questi modelli. Dirò solo che, se il linguista teorico vuole «sporcarsi le mani» e prendere in considerazione le molte facce dello svantaggio linguistico nella realtà delle società contemporanee, si avvede che ha bisogno di modelli molto più duttili e articolati di quelli citati, che a questi risultino superiori in termini di *adeguatezza*. A questo fine, occorre distinguere accuratamente tra: 1) svantaggio consistente in deficit di capacità d'uso d'una qualunque lingua, in qualunque forma; 2) svantaggio consistente nel mediocre o nullo possesso non di una qualunque lingua, ma della lingua dominante o comunque richiesta in un certo Paese, ambiente, sistema scolastico; 3) svantaggio consistente nel mediocre o nullo possesso dei modi particolari di usare una data lingua, degli stili privilegiati dai ceti più influenti e/o dagli insegnanti.

Un modello adeguato, sufficientemente duttile e articolato per soddisfare l'esigenza delle distinzioni appena dette, è derivabile dalla linguistica hjelmsleviana. Questa, entro l'unica *competence* rivendicata dal generativismo contro il vecchio behaviorismo, distingue tre oggetti teorici diversi, mal amalgamati e cioè malamente confusi entro la nozione di *competence*:

A1) il possesso nativo o 'congenito' (come dice Raffaele Simone) del linguaggio, inteso come generale capacità semiotica di dare una grammatica, una regolazione, al naturale impulso al comprendere/produrre le proprie e altrui espressioni;

A2) la lingua-sistema, come forma più astratta di una regolazione prescelta in relazione all'ambiente;

A3) la lingua-norma, come normale (predominante) saturazione della (o di una parte della) lingua-sistema.

Ed entro la *performance* lo stesso modello distingue livelli altresì diversi:

B1) la lingua-uso, l'insieme di abitudini, di modi di ricorso alla norma, statisticamente prevalenti in settori e modi di vita dell'ambiente socio-linguistico;

B2) la *parole*, gli individuali processi di comprensione e produzione di singole espressioni.

Questo modello sarà ora usato per inquadrare schematicamente le diverse dimensioni della diversità e distanza linguistica, che, a certe condizioni, danno luogo a situazioni di svantaggio.

2. *Distanze di linguaggio*

Vi sono certamente casi individuali in cui è messo in gioco A1, il grado di maturazione e controllo della capacità di linguaggio. Ci troviamo allora dinanzi a vere e proprie *distanze di linguaggio*. Esse sono legate a deficit semiotici e si presentano in gravi casi limite: bambini spedalizzati, bambini lupo non reimmessi in un ambiente affettivamente, cognitivamente e socialmente usuale prima di varcare la nota soglia degli otto anni. Specialmente sotto la soglia degli otto anni, vi sono ampie possibilità di completo recupero, normali tra i ciechi e possibili in casi di ancor più complessi deficit sensoriali, come ha reso universalmente noto il caso di Helen Keller.

Più delicato è il caso di portatori di deficit intellettivi nativi, come nel caso dei down, o traumatici. Lurija, nel suo mirabile *Un mondo perduto e ritrovato*, ha mostrato che anche in casi traumatici estremi accorte terapie sensomotorie possono portare al recupero pieno della parola. I casi meno drammatici, di deficit relativamente più lieve, sono quelli verso i quali, con il prezioso apporto del neuropsichiatra dell'infanzia Gabriel Levi e della sua équipe, si è mossa e si sviluppa l'iniziativa del mensile di facile lettura «Due parole», che curiamo da molti anni nel dipartimento di Scienze del linguaggio della Sapienza di Roma, e quella degli analoghi «åtta sidor» in Svezia e «Selko Uutiset» in Finlandia (con un'edizione per la minoranza linguistica svedese «Lätt läst-bladet») entrambi – si noti – largamente finanziati e sostenuti dai governi centrali dei due Paesi. Le nostre ricerche ed esperienze e quelle svedesi e finlandesi confermano che un'adeguata offerta linguistica rende possibile miglioramenti sensibili nella pratica di lettura e di consolidamento e ampliamento della capacità di linguaggio (verbale, iconico ecc.) tra i down, con ricadute positive nella pratica scolastica anche verso gli alunni normali. Insomma, anche in questi casi di diversità e distanze *very, very deep*, interventi educativi condotti appropriatamente e per tempo possono attenuarne l'effetto di diseguaglianza e tradursi in ricchezza linguistica per la generalità degli allievi.

Un caso a parte è rappresentato dai sordi. In un suo importante saggio storico-teorico, *Le lingue mutole*, Antonio Pennisi ha avanzato l'ipotesi che ai fini dello sviluppo della capacità di linguaggio la sordità incida più negativamente della stessa cecità. Tuttavia lo sviluppo imponente delle «lingue segnate», come l'AmerSLan (o Asl) negli Usa, la Lis in Italia e le altre molte d'altri Paesi (repertoriate in *Ethnologue* di Barbara Grimes), ha messo i sordi in condizione di sviluppare la *faculté du langage* fuori dell'usuale terreno delle *langues* a normale e usuale saturazione fonico-uditiva, e di apprendere poi tali *langues* come L2 nelle loro normali realizzazioni grafiche.

Naturalmente in quest'ultimo e in tutti i casi precedenti l'ignoranza, il pregiudizio e/o comunque l'assenza di adeguati interventi educativi specifici non solo in passato, ma anche oggi possono trasformare i deficit e le distanze di linguaggio da handicap superabili o attenuabili rispetto all'uso del linguaggio verbale fonico-uditivo in condizioni non solo permanenti, ma di gravità crescente di isolamento e svantaggio linguistico.

3. *Distanze di lingua-sistema*

Le distanze di lingua (di sistema linguistico) sono legate alla diversità dell'idioma nativo in rapporto all'idioma privilegiato nella scuola e/o nella vita ufficiale di un Paese. Le esperienze internazionali e italiane ci dicono che non necessariamente esse hanno incidenza negativa sul profitto, come mostrano i dati Unesco studiati e presentati da William MacKay e Miguel Siguán, *Bilinguismo e educazione* (Insula, Nuoro 1992) e i dati dell'Iea-International Association for the Evaluation of Educational Achievement, presentati da Warwick B. Elley in *How in the World Students Read?* (The Hague 1992: tabelle 6.4, 6.5). Anzi, un'accorta didattica è capace di trasformare le distanze e diversità di sistema linguistico in vantaggio linguistico individuale (per il portatore di una lingua o dialetto differente) e collettivo (per gli insegnanti e la comunità di classe). È la tesi che in Italia a più riprese è stata sostenuta da Ascoli, Devoto e dalle *Dieci tesi per un'educazione linguistica democratica* e verificata in modo convincente da esperienze esemplari come quelle di Mario Lodi. Dinanzi all'afflusso crescente di bambini e bambine del Terzo Mondo, non ci si deve stancare di richiamare le esperienze internazionali e italiane e di ripetere (a costo di passare per persone che «dicono sempre la stessa cosa») che la condizione di successo è psicologico-ambientale prima ancora che strettamente linguistica: è necessario che il portatore di un idioma altro non lo veda deprezzato, ma apprezzato, e lo viva come una fonte di interesse per l'ambiente scolastico e non come un marchio di inferiorità.

Il problema della distanza di lingua diventa specialmente spinoso per la scuola nei casi in cui la distanza idiomatica si intreccia con deficit di alfabetizzazione individuale e/o dell'ambiente nativo. Tuttavia anche in questi casi (come mostrano esperienze sudamericane, asiatiche sudorientali, africane) esistono strategie positivamente sperimentate per costruire la possibilità di non cristallizzare le distanze in svantaggi, promovendo anzitutto l'alfabetizzazione nella lingua nativa e passando poi all'alfabetizzazione nelle lingue veicolari.

4. *Distanze di lingua-norma*

Società a forti diseguaglianze geosociali antiche e/o nuove (talora, come in Italia, in relazione con tradizionali distanze idiomatiche) danno luogo a norme linguistiche diatopicamente e diastraticamente distanti. Impostazioni scolastiche con pratiche didattiche marcatamente unilingui creano difficoltà ad allievi nativamente legati a norme non accette all'unilinguismo scolastico. Esempi concreti di ciò che di negativo accade nella prospettiva unilingue sono la secolare inefficienza del sistema scolastico postunitario italiano e la minore efficienza della scuola tedesca in area sudtirolese, entrambe legate a scelte di politica scolastica condizionate da erronee valutazioni della situazione linguistica del Paese. Esistono anche controesempi in positivo. Si pensi alla luminosa esperienza di Ludwig Wittgenstein maestro di scuola nei villaggi della Bassa Austria e del suo *Wörterbuch für Volksschulen*. Introducendone la traduzione-presentazione in italiano, Dario Antiseri scriveva (*Dizionario per le scuole elementari*, Armando, Roma 1978, pp. 53-54):

> Wittgenstein non si vergognava del dialetto. Non fece vergognare i suoi bambini del loro dialetto. Insegnò anche il buon tedesco, il tedesco alto. [...] Dunque, si era prefisso come uno scopo importante del suo insegnamento quello per cui i suoi ragazzi parlassero un buon tedesco, un tedesco fluente e vivo; e ricco, atto cioè a dominare ambiti essenziali ed importanti della vita. E tra i mezzi che Wittgenstein usò per sviluppare, per usare un'espressione di Devoto, il 'fiuto linguistico' dei suoi allievi e insegnare il buon tedesco e sviluppare la loro espressività e creatività, vi fu proprio la sua *attenzione al dialetto* [corsivo di D. Antiseri]. [...] Wittgenstein, dunque, parlava all'occasione in dialetto. Ascoltava volentieri i suoi ragazzi parlare e discutere in dialetto [...]. Quando qualcuno non sapeva

esprimersi in tedesco, Wittgenstein lo stimolava: *Wie sagst du zu Hause?*, com'è che dici a casa? E così il ragazzo si esprimeva. *Non c'era da vergognarsi nell'aula di Wittgenstein di quello di cui non ci si vergognava fuori dell'aula* [corsivo mio].

In Italia è andato in questa stessa direzione non solo Mario Lodi, ma anche l'insegnamento permanentemente valido di don Lorenzo Milani a Calenzano prima e poi, soprattutto, a Barbiana: un insegnamento ripreso e riproposto nel difficile ambiente del suburbio urbano da don Roberto Sardelli nella sua memorabile Scuola 725. E la medesima ispirazione regola la pratica didattica, nelle stesse difficili, drammatiche condizioni, della viva Central Park East Secondary School nel Bronx «una delle migliori scuole secondarie degli Stati Uniti» secondo G.H. Wood, come ha ricordato Marianella Sclavi in un suo straordinario rapporto, *La Signora va nel Bronx* (Anabasi, Milano 1993).

5. *Distanze di lingua-uso*

Le distanze di uso tra l'ambiente familiare nativo, con bassa scolarità dei genitori, assenza di libri e giornali, dove spesso non si parla più un dialetto, ma un povero italiano, e l'ambiente scolastico sono quelle che più sembrano oggi incidere nella creazione di svantaggi, non solo in Italia. Svantaggi che si moltiplicano se la scuola si irrigidisce nello scolastichese e cioè in un uso, esso sì anche e soprattutto ristretto, della norma linguistica nazionale, fino a condannare espressioni e vocaboli (come *faccia* o *arrabbiarsi* o, perfino, *andare*) che fanno parte (occorre ripeterlo? occorre ripeterlo) del nucleo fondamentale e vivo della tradizione linguistica nazionale, da Dante a Manzoni (bisogna dirlo? bisogna dirlo), da Leopardi a Montale. L'irrigidimento in una buronorma scolastichese è un ulteriore fattore di svantaggio, come mostrano riferimenti non italiani e italiani. Le strategie per superare queste distanze apparentemente minori, e perciò più insidiose, difficilmente possono trovare unicamente nella scuola il terreno di realizzazione. In un Paese come l'Italia, che è stato a lungo povero di una diffusa tradizione di parlato non dialettale e in cui i ceti relativamente più istruiti sono stati e restano preda di una ossessiva dialettofobia che ha trascinato con sé un'altrettanto ossessiva avversione al parlato e a uno stile scritto concreto, diretto, immediato (si ricordi che perfino lo stile di Manzoni non piaceva ai cruscanti!), vittime della buronorma e, quindi, innocenti e nocivi portatori d'essa, sono spesso non solo il povero brigadiere verbalizzatore immaginato da Italo Calvino, ma anche giornalisti e informatori o comunicatori. Nel caso italiano perché le distanze di uso non si trasformino in svantaggi linguistici per chi non sa o non vuole dire *adirarsi* per *arrabbiarsi* o (a tempo e luogo) *incazzarsi*, è necessario disegnare strategie integrate di intervento, sugli ambienti extrascolastici oltre che nella scuola. Ma anche qui, al giornalista buroitalianeggiante come all'insegnante e al ragazzo, vale sempre la pena rivolgere anzitutto la domanda di Wittgenstein: *Wie sagst du zu Hause?* Solo richiamandosi alle potenzialità di un uso vivo e diretto (di cui scuola sono certamente i dialetti così come gli abiti stilistici consolidati nella tradizione di altre lingue europee, francese e inglese anzitutto, ma anche spagnolo, ma anche tedesco), solo per questa via la diversità non si irrigidisce in diseguaglianza e tutti i ragazzi potranno perfino apprendere che invece di incazzarsi soltanto ci si può perfino arrabbiare, irritare, indignare e, in casi estremi, perfino adirare.

Non si devono sottovalutare gli effetti di interventi sbagliati nei confronti di ragazzi portatori, più che di distanze di lingua o di norma, di pure e semplici distanze di familiarità con l'uso colto o, perfino, di sana e vitale riluttanza a chiamare *contenitore vitreo di liquido alcolico* un fiasco di vino. Interventi sbagliati in materia esecutiva (anche nell'ortografia e nella pronunzia) e d'uso, possono avere un effetto paralizzante, allontanare i ragazzi dalla voglia di usare parlando e scrivendo quel che di buona lingua già sanno e, infine, possono determinare un'atrofia nei rapporti con la lingua italiana nella pienezza dei suoi registri, traducendosi dunque, alla fine, in distanza di lingua e assai più grave svantaggio. È impossibile praticare una didattica linguistica che tenga conto di ciò e porti intere classi (e non solo «Pierino del dottore») a un pieno e ricco rapporto con la lingua italiana?

6. *Italia degli anni Novanta: le dimensioni linguistiche della diseguaglianza*

Una risposta positiva, impegnativamente positiva alla domanda appena fatta viene dalla considerazione dei dati recentemente acquisiti dall'indagine Iea sulla comprensione (ne abbiamo già accennato e ne parlano diffusamente in questo volume Silvana Ferreri e Piero Lucisano) sullo sfondo dei dati sulla stratificazione scolastico-linguistica della società italiana d'oggi.

L'Italia d'oggi continua a essere solcata da cospicue differenze di lingua tra coloro che praticano abitualmente il solo italiano o, accanto all'italiano, anche un dialetto (o una delle tredici lingue di minoranza) e coloro che, come almeno nove italiani su dieci nel 1861, sono capaci di usare attivamente soltanto un dialetto.

Il cammino della popolazione italiana verso il possesso attivo della lingua è riassunto in questa tabella (che ripropone dati noti dalla vecchia *Storia linguistica dell'Italia unita*, integrati con elaborazioni ricavate dalle indagini multiscopo promosse dall'Istat).

Tab. 1. *Quanto si è parlato e si parla italiano e/o dialetto in Italia*

	1861	1955	1993
Italofonia attiva	1,5	10,0	38,0
Italofonia attiva e dialettofonia	1,0	24,0	48,0
Sola dialettofonia	97,5	66,0	14,0

Ci si deve dunque attendere che i dialetti siano ancora una realtà presente nel retroterra familiare di una parte cospicua degli alunni italiani. L'indagine Iea conferma ciò e nello stesso tempo, con le correlazioni che consente di stabilire tra uso del dialetto a casa e punteggi conseguiti nella comprensione di testi italiani (nonché, come vedemo, altre variabili significative) apre la via a considerazioni non scontate. Alla domanda «A casa parli italiano?» il campione Iea di ragazzi delle scuole di base ha risposto con le percentuali della seguente tabella 2, che alla percentuale della varie risposte affianca i relativi punteggi medi nelle prove di comprensione.

Tab. 2. *Gli alunni parlano a casa italiano? E che punteggi hanno nelle prove di comprensione?*

	Uso italiano	Rendimento prove comprensione
Sempre	51,3%	533
Quasi sempre	23,4%	544
Qualche volta	14,3%	511
Quasi mai	4,7%	532
Mai	5,6%	396

Come atteso dai dati Istat, l'uso dell'italiano è maggioritario, specie nella generazione più giovane. Tuttavia la dialettofonia domina nelle case in più del 25% dei casi e quasi altrettanto spesso si affaccia anche là dove prevale l'uso dell'italiano. L'aspetto più interessante, coincidente con risultati ottenuti in altre parti del mondo, è che la presenza del dialetto in famiglia non è di per sé correlata a bassi punteggi. Lo è se è una presenza esclusiva, ma i dati fanno vedere che una componente dialettale accanto all'italiano non disturba e addirittura sembra giocae un ruolo positivo: ragazzi che parlano costantemente e solo italiano hanno punteggi meno brillanti di ragazzi che hanno anche qualche rapporto con la realtà dialettale.

Assai più che l'idioma parlato a casa, altri fattori incidono sui livelli di comprensione di testi italiani. Più della variabile idiomatica pesa il livello scolastico dei genitori. Nella seguente tabella è possibile apprezzare quanto più forte sia l'escursione dei punteggi in rapporto al titolo scolastico dei genitori.

Tab. 3. *Livello scolastico dei genitori e punteggi ottenuti nella comprensione*

Livello genitori	Punteggi
Laurea	561
Diploma superiore	555
Media inferiore	537
Licenza elementare	512
Senza titolo	490
Complesso Italia	515

Come si vede, il diverso livello scolastico dei genitori incide sui punteggi dei ragazzi assai più e assai più univocamente che la diversa presenza dell'uso dell'italiano o del dialetto in casa. Dato non confortante, se si tiene presente che si collocano sotto il punteggio medio nazionale i figli di chi ha solo la licenza elementare o nemmeno questa e che in base al censimento 1991 sappiamo che vi si trova ancora più del 40% della popolazione di oltre 14 anni, come riportato nella tabella 4 che ricavo dalla elaborazione di dati Istat fatta nel mio *Idee per il governo: la scuola*, Laterza, Roma-Bari 1995, p. 26).

Tab. 4. *Popolazione italiana al 1991 di oltre 14 anni distinta per grado di istruzione (percentuali)*

Laurea	4,29
Diploma medio-superiore	20,80
Licenza media inferiore	32,61
Licenza elementare	32,72
Senza titolo	7,71
Analfabeti confessi	2,36

Ancora più divaricante risultano l'abitudine alla lettura nell'ambiente familiare e il possesso di un sia pur piccolo nucleo di libri in casa. Richiamo ancora un volta dati di sfondo elaborati dai dati Istat nel citato *Idee per un governo.*

Tab. 5. *Percentuale di lettori di libri non scolastici (almeno uno nell'anno) per classe di età e sesso*

Classe d'età	MF	F
11-14	55,0	61,4
15-24	49,2	59,1
25-34	45,7	52,0
35-44	41,8	45,2
45-54	29,6	30,2
55-64	23,1	23,5
65-74	19,2	17,1
75 e più	12,1	10,7
Totale	36,6	39,3

Tab. 6. *Percentuale di lettori di libri non scolastici (almeno uno nell'anno) per titolo di studio e sesso*

Titolo di studio	MF	F
Laurea	76,6	82,2
Diploma universitario	72,0	75,8
Diploma medio-superiore	62,6	70,2
Licenza media inferiore	40,7	48,8
Licenza elementare	21,6	23,4
Senza titolo	6,4	6,9
Analfabeta confesso	–	–
Totale	36,6	39,3

Come si vede, la grande maggioranza della popolazione non legge mai nemmeno un libro nell'anno. Leggere libri non scolastici (almeno uno all'anno) è appannaggio dei soli ceti più istruiti. E tuttavia il basso costo dei libri fa sì che a questo vero privilegio possano accedere, se vogliono, se sanno, se qualcuno lo suggerisse, anche altri ceti: quel sette per cento di donne senza scuola che leggono libri sono uno schiaffo per quel 25% e passa di laureati e diplomati che non leggono mai nemmeno un libro. In termini di futuro scolastico del Paese sono sette punti di speranza se si tiene conto dell'incidenza scolastica positiva del rapporto delle famiglie con i libri. La seguente tabella 7 dà conto della capacità di incidenza di questa e di altre variabili nel determinare scarti tra i punteggi massimi e minimi nelle prove di comprensione dei testi italiani.

Tab. 7. *Correlazioni tra diverse variabili e profitto degli studenti nelle prove di comprensione della lettura*

Variabili	Studenti elementari punteggi			Studenti medi punteggi		
	min.	max.	escurs.	min.	max.	escurs.
1) stare in una certa classe, con certi insegnanti	405	678	273	415	661	246
2) possesso di libri (da nessuno a oltre 200)	469	542	73	452	544	92
3) titolo studio dei genitori (da senza titolo a laurea)	–	–	–	490	561	71
4) lingua parlata a casa (mai italiano vs italiano e a volte dialetto)	501	545	44	485	528	43

Fonte: Elaborazione dai dati Iea-Sal, 1993.

Si tenga conto che altre variabili spesso assunte come significative hanno incidenza ancora minore: la diversità di reddito determina un'escursione di soli 30 punti nella popolazione elementare e di 50 nella popolazione della media inferiore; la collocazione a Nord o a Sud determina un'escursione di 35 punti nelle elementari e 39 nelle medie; l'ascolto prolungato della tv incide per 30 punti nelle elementari e 30 nelle medie. Fra le quattro variabili più significative presentate in tabella 4 quella di gran lunga più incidente è, come si vede, la variabile che, in termini meno concreti, possiamo chiamare *qualità dell'insegnamento*.

Questo ci dice che ogni miglioramento della didattica ha risultati positivi che l'agire su altre variabili potrebbe non avere. E ci riconduce al centro del nostro discorso: dinanzi alle disparità linguistico-scolastiche nazionali sta alla scuola, alla qualità degli insegnanti fare o no delle diversità diseguaglianze e svantaggi.

7. *Possibili itinerari didattici*

A tutti i livelli si constata che una didattica sbagliata può cristallizzare le diversità in diseguaglianze e le distanze in fossati incolmabili e svantaggi. Ma è anche documentato che una didattica consapevole può trasformare diversità e distanze in fattori di arricchimento delle comuni capacità linguistiche. Ai casi esemplificativi concreti già evocati nei paragrafi precedenti, si deve aggiungere l'evocazione di sperimentate proposte di tipo generale che continuano a dare buoni risultati: la drammatizzazione e il gioco; l'integrazione plurisemiotica o multimediale (utile per turbe dislessiche, preziosa perfino nel caso dell'autismo); il metodo modenese del «sottomarino», del coinvolgimento dell'intera classe nel recupero delle situazioni di svantaggio di alcuni, rendicontato in un altro memorabile libro (*Allora... più si studia più si diventa amici del padrone?*, Istituto Tecnico Fermi di Modena, Lega delle Autonomie Locali, 1972); la scrittura collettiva praticata dal Movimento di cooperazione educativa, da Lodi e dai ragazzi di Barbiana; la lettura collettiva la cui efficacia è illustrata da ultimo da Daniel Pennac nel suo *Come un romanzo*; l'addomesticamento del drago malvagio televisivo attraverso l'educazione alla ricezione critica di cui hanno suggestivamente parlato più volte Cristina Lastrego e Francesco Testa.

Si può dire in conclusione che è la lingua che ci fa diseguali, ma solo se così ci pare per ragioni non linguistiche e non educative. Dunque: *As You Like It*.

1994

39.
LA FORMAZIONE NECESSARIA NELLA SOCIETÀ COMPLESSA*

1. *Nasce un nuovo partito della scuola?*

Il partito della scuola in Italia può tirare un sospiro di sollievo? Il partito della scuola oggi è erede d'una tradizione di pochi nomi illustri, come Francesco De Sanctis, Antonio Labriola o Gaetano Salvemini o Guido Calogero. Nei nostri anni ha raccolto parecchi insegnanti, naturalmente, e pochi nomi noti: qualche economista come Paolo Sylos Labini o Fiorella Padoa Schioppa, qualche storico come Giuseppe Talamo, pedagogisti non routinari come Maria Teresa Gentile, Aldo Visalberghi, Raffaele Laporta o Benedetto Vertecchi. Qualche imprenditore, come era Giancarlo Lombardi, due o tre giornalisti, qualche giudice dei minori, qualche prete che, tra lo Zen e Pozzuoli, non ha dimenticato don Lorenzo Milani, qualche giovane sindacalista femmina, che, anche se l'ha conosciuto solo in fotografia (ce n'è ancora una in una saletta riunioni della Cgil), non ha dimenticato Peppino Di Vittorio. Un partito smilzo, come si vede, che sta di traverso alle forze politiche (in vario senso) e che ha cercato e cerca di dare voce al bisogno di istruzione che ha questo nostro Paese.

Ora, pare che questa voce cominci a trovare un'eco tra le forze politiche. Da economista, Romano Prodi non aveva

* In *Apprendere a scuola nella società complessa*, Atti del convegno Cidi, Paravia, Torino 1997, pp. 17-21.

mancato di segnalare la necessità economica e produttiva di un rialzo dei livelli di istruzione se l'Italia vuole reggere alla competizione internazionale. Non deve esserselo dimenticato ora che è diventato leader politico. E in ogni caso se lo ricorda Walter Veltroni, che di recente in varie sedi ha detto che la scuola sarebbe – ha detto testualmente – il primo dei suoi pensieri. E anche a destra risponde qualche squillo: accorate parole sulle sorti della nostra scuola sono state espresse da persone che ancora ieri ne parevano ignare, come Lucio Colletti o il giornalista Saverio Vertone, il quale nelle cronache giornalistiche in proposito, forse per giusto premio, si è visto promuovere «filosofo».

Sono segni esili ancora, ma non incerti, della fine di una lunga disattenzione che i ceti politici italiani hanno riservato alla scuola, con le sole eccezioni di Antonio Gramsci (se politico può considerarsi, lui sì filosofo e teorico – «uno dei nostri», disse Croce – e linguista) e di Giovanni Giolitti, l'unico capo di governo italiano ad avere avvertito, come è stato e resta normale per i suoi corrispettivi stranieri (americani o giapponesi, francesi o spagnoli o tedeschi, progressisti come Roosevelt e Clinton o conservatori come Thatcher), l'unico ad avere avvertito la *centralità* della politica scolastica per le complessive sorti del Paese, l'unico ad averne concepito una e ad averla attuata.

Per questa lunga inerte disattenzione dei politici professionali, il partito della scuola è stato costretto a logorarsi in pluridecennali, talora secolari battaglie legislative e, a leggi approvate (ogni cinquant'anni è successo), in altrettanto lunghe e faticose battaglie amministrative, perché le leggi divenissero fatti reali. L'istruzione obbligatoria prevista nel 1859 dalla legge Casati comincia ad acquisire gambe amministrative e finanziarie solo con Giolitti, ma diventa realtà operante per il 100% dei bambini italiani soltanto nella metà degli anni Settanta di questo secolo. L'istruzione fino a 14 anni, prevista dalla Costituzione nel 1948, non è ancora realtà per circa il 10% dei ragazzi italiani, per quasi il 20% dei meridionali, per il 35% dei ragazzi delle quattro maggiori città meridionali. La riforma della secondaria superiore è in discussione in Parlamento dal 1969 e abbiamo quasi smesso di sperare in una legge in materia.

Queste battaglie combattute a staffetta, per generazioni, hanno distolto spesso l'attenzione del partito della scuola dal badare ai contenuti, ai modi concreti, agli obiettivi reali della formazione. In un contesto così caratterizzato, è un merito storico dell'associazionismo degli insegnanti, e in particolare del Cidi, quello di non averli mai perduti di vista e di richiamarci spesso ad essi. Per questa ragione mi pare attuale l'esigenza di riflettere sui modi di apprendimento in una società complessa.

2. *La pervasività del medium televisivo*

Di recente un istruttivo libro di Anna Ferraris, *La televisione per un figlio* (Laterza, Roma-Bari 1995), con molta concretezza ha fatto il punto su qualcosa che tutti più o meno confusamente intuiamo e viviamo: la società dell'informazione non è solo un modo di organizzazione della società adulta, non si limita a creare condizioni produttive in cui la raccolta, lo smistamento e la capacità di utilizzazione dell'informazione rendono questa una materia prima. L'informazione pervade la nostra quotidianità fin dalle prime fasi della nostra vita. Pervade e rischia di farsene unica plasmatrice. Osservatori assai diversi tra loro, come Franco Cassano, in un altro recente libro di grande interesse, *Il pensiero meridiano* (Laterza, Roma-Bari 1996), o Noam Chomsky, nei suoi ripetuti interventi sui mass media, o Karl Popper, nella sua aspra critica al mezzo televisivo, sospingono la nostra attenzione più oltre: non è penetrata solo la nostra quotidianità nei suoi aspetti esteriori, ma, e fin dalla prima infanzia, è il nostro mondo interiore a vedersi riplasmato. Secondo Franco Cassano l'*Homo sapiens* rischia di trasformarsi, anzi già si è trasformato, sotto la spinta combinata della società dell'informazione e del risucchio consumistico che essa induce, in *Homo currens*: un solitario parcellizzato sempre affannato, perfino nelle sue improbabili vacanze agli antipodi, e logorato dalla ricerca perenne di novità. E l'anello intermedio tra *Sapiens* e *Currens* pare essere il bambino televisivizzato, crisalide dello svolazzante adulto teledipendente, pare essere, insomma, l'*Homo telecomandans*.

Riflessioni del genere hanno un diretto rapporto con i nostri temi, con l'apprendimento e la formazione. Certo, da quando esiste, la scuola non è mai stata luogo unico di formazione. La «scuola impropria», come la chiamò Michelangelo Pira quasi vent'anni fa nel suo *La rivolta dell'oggetto. Antropologia della Sardegna* (un libro di straordinaria ricchezza pedagogica celata sotto un titolo limitativo ed enigmatico), e cioè la trasmissione di saperi e saper fare e valori svolgentisi entro la «bottega familiare» e attraverso l'iniziazione religiosa e le chiese, la scuola impropria per tremila anni, da quando esistono e dove sono esistite istituzioni scolastiche, ne ha fiancheggiato l'attività formativa, integrandola e talora supplendovi.

Ma la scuola impropria *d'antan* è ben poca cosa dinanzi alla fascinazione che pone in essere senza tregua oraria la spettacolarizzazione, supportata dalla diffusione delle tecnologie di trasmissione dell'informazione. Mai, in tremila anni di storia dell'istituzione scolastica, questa ha dovuto fronteggiare, anzi meglio subire, subire fino a sentirsi soccombere, un altrettanto rutilante fascino quotidiano d'una altrettanto fasciante e pervasiva fonte di informazioni, suggestioni, valori.

Analisi del genere hanno il merito di metterci dinanzi a fenomeni che minacciano non solo i tradizionali modi di fare scuola, che magari non sarebbe male sottoporre comunque a un inventario critico, ma la nostra capacità di vivere insieme, di costruire e magari di improvvisare e sperimentare insieme i modi del nostro riposare e lavorare, di apprezzare il silenzio e la vista diretta del reale a noi d'intorno. Insomma la nostra capacità di essere *Homo sapiens* e non *Homo currens*.

Ma tali analisi rischiano di offrirci due sole alternative concrete: o la meditabonda rassegnazione al trionfo di forze che trascendono le possibilità individuali di contrastarle; oppure una sorta di rivolta luddistica contro le macchine dell'informazione a distanza.

Non credo di dover qui spendere parole per giustificare il rifiuto di entrambe le alternative. La loro evocazione deve servire solo a sollecitare la nostra intelligenza, l'intelligenza dell'*Homo sapiens*, per trovare ancora una volta il modo di controllare al meglio le tecnologie che, alla ricerca del meglio, abbiamo sviluppato. Non si tratta né di arrendersi al Grande Fratello né di distruggere le reti telematiche e i satelliti. Si tratta di sviluppare la capacità di controllare criticamente i flussi informativi, di cui le società oggi hanno bisogno per vivere e produrre.

Già Anna Ferraris, nel suo libro ricordato prima, ha mostrato con rigore d'analisi e senso di concretezza quanto spazio possa e debba toccare alla vita familiare, a una vita familiare che ritrovi o, spesso, scopra il gusto della conversazione, di attività alternative all'ipnosi teledipendente e di scambi e contatti al suo interno e col prossimo, per mutare in meglio il nostro rapporto e il rapporto dei più piccoli con l'informazione televisiva. Uno spazio ancora maggiore toccherà, potrebbe toccare alla formazione scolastica se saprà accettare le sfide che le pone lo sviluppo non reversibile delle società dell'informazione.

3. *Una bussola, che orienti*

Accettare tali sfide non vuol dire moltiplicare oltre ogni limite tollerabile le informazioni veicolate con l'*imprimatur* della scuola. In Italia, già i programmi delle elementari del 1985 contenevano germi di questa impostazione. E per redigere quel nobile documento che sono i programmi Brocca del biennio e del triennio è stato necessario contenere spinte che andavano in tal senso, né sempre il contenimento è riuscito.

Alla scuola italiana il malo esempio è venuto dalla fascia formativa più alta. Si lamenta giustamente che la nostra università faccia fuori due su tre iscritti al primo anno. Ma non sento lamenti per l'altro fatto: il trentadue per cento che arriva alla laurea solo in misura dell'uno per cento lo fa negli anni curricolari previsti. Di anno in anno la media del ritardo dei laureati si è andata innalzando. La percentuale più grossa raggiunge la laurea in un tempo doppio del previsto. Nessun mistero in ciò. Si confrontino i programmi di esame dagli anni Cinquanta, quando la percentuale dei fuori corso era fisiologica, a quelli di oggi, e si vedrà che, come altrove ho cercato di mostrare, l'esame più banale, non parlo dei più impegnativi, comporta libri e letture più che doppie rispetto non agli esami banali, ma agli esami più impegnativi di quarant'anni fa.

Fruendo di una larga libertà, e in mancanza di ogni serio coordinamento della didattica, dinanzi al dilatarsi dei saperi ogni singolo docente ha creduto bene di accrescere progressivamente la massa di volumi richiesti per ciascun singolo esame. È a mio avviso un tipo di risposta sbagliata, nella formazione universitaria e a ogni altro livello.

È certo inseguendo una risposta del genere che la nostra editoria scolastica ha imboccato la strada dei libri sempre più massicci ed estesi. Una letteratura italiana che va per la maggiore ha raggiunto il ragguardevole peso di nove chili e mezzo. Si è discusso di ciò nel 1996 a Palermo, dove la Società di linguistica italiana e i Gruppi di studio e intervento nel campo dell'educazione linguistica-Giscel hanno tenuto il loro convegno nazionale, dedicato appunto all'analisi dell'editoria scolastica, col titolo significativo *Il testo fa scuola*. È così: i testi, i buoni testi, fanno scuola non meno dei buoni insegnanti e dei buoni programmi. Ma non devono far scuola per l'aspetto negativo della loro crescente dilatazione.

Alla valanga informativa che ci avvolge, la scuola, come l'università, come l'editoria, non devono credere di poter rispondere dilatando il sapere che presumono di trasmettere. Devono rispondere cercando di capire che cosa è veramente necessario di tutto ciò che si pretende di insegnare. Devono, dobbiamo, cercare il minimo comune indispensabile a gestire criticamente, responsabilmente la vita nelle società dell'informazione.

Dilatare a dismisura l'offerta informativa comporta invece non consentire mai di *andare in profondità*. Significa costringere anche lo studente e anche il professore a farsi *Homo currens*, cioè superficiale, cioè forzatamente acritico e, se tutto va bene, dotato di un sapere puramente verbalistico. Non è davvero quel che ci serve nelle società dell'informazione, che per questa loro natura sono tormentate e minacciate da torrenti di parole e di stereotipi. Dobbiamo cercare altre strade.

Oltre la superficialità indotta dalla dilatazione delle materie e dei testi di studio, un'altra strada c'è: ed è la via del lavorare di qualità, in profondità e non in una impossibile rincorsa all'estensione.

Se vogliamo dare attraverso la scuola una formazione che consenta di vivere produttivamente nelle società dell'informazione non dobbiamo mirare a dare una impossibile e sempre dilatanda carta dell'Impero dei saperi, che cerchi d'essere grande quanto l'Impero stesso. Ma dobbiamo dare bussole, dobbiamo dare punti cardinali, dobbiamo dare l'esperienza viva di come si organizza e come si fa un viaggio. Dobbiamo dare il gusto di viaggiare e, se ci piace, dove ci piace, sostare. Fuori di metafora, dobbiamo dare la capacità di controllare criticamente i flussi informativi cui siamo esposti per imparare a utilizzarli, trattarli, volgerli a quel che responsabilmente ci pare il meglio.

Aggiungere materia a materia, libro a libro, capitolo a capitolo non serve. Serve acquisire e fare acquisire la capacità di muoversi entro lo spazio culturale in cui ci collochiamo. Serve dare la capacità e – non dovremmo mai dimenticarlo – la voglia e il gusto di sapersi muovere e muoversi tra le forme più immediate di cultura, quelle più vicine a noi, e le forme più remote e aliene, tra le forme più rudimentalmente immediate (preziose per sopravvivere) e le forme più complessamente costruite, tra le forme affidate a questa o a quella tipologia di produzione e ricezione, dalla manualità alla lettura, dalla visualità e plasticità al silente astratto ragionare.

È – a mio avviso – necessario far acquistare questa capacità di scelta e di movimento o, volta a volta, di stasi ciò che dobbiamo perseguire come obiettivo di una scuola che affronti le sfide della società dell'informazione.

Sento bene tutti i limiti del mio linguaggio. Ma, forse non meraviglioso, certo è nuovo il mondo nel quale ci stiamo inoltrando. Cerchiamo di forzare le nostre inerzie linguistiche stereotipe, le nostre abitudini inveterate, e di parlare in modo adeguato delle nuove sfide che fronteggiamo.

Se vogliamo davvero perseguire l'obiettivo che ho detto, e che a me pare l'unico degno di una scuola che non allevi sudditi, ma persone libere per una società libera, dobbiamo prepararci a un non breve programma di riconversione dei nostri modi di fare e pensare la scuola: lasciandoci progressivamente alle spalle la scuola «pigliatutto», e costruendo una scuola che selezioni coraggiosamente *ciò che serve davvero* alla formazione della capacità critica di movimento entro lo spazio culturale.

4. *La ricerca del «minimo comune»*

Se la questione fosse ottenere un massimo di consensi su una proposta, qui potrebbe fermarsi il discorso. Dire che dobbiamo lavorare badando alla qualità e non alla quantità, alle capacità di cui dotiamo in uscita gli allievi e non al peso dei libri che gli abbiamo imposto; dire che questa capacità è la capacità di sapersi spostare, lungo gli assi che lo definiscono, in tutti i punti dello spazio e delle culture è abbastanza preciso per contrapporsi ai modi verbalistico-estensivi della scuola tradizionale, e tradizionale non solo in Italia; ed è sufficientemente vago per non suscitare troppe preoccupazioni e reazioni negative, troppi problemi. Ma noi abbiamo la necessità di capire quali problemi ci si pongono, se vogliamo intraprendere strade nuove.

Vincendo le esitazioni, occorrerebbe dunque articolare un po' di più la proposta di obiettivo ultimo, prima appena accennata: articolare, cioè precisare quali sono i terreni, quali sono le materie ineludibili, il *minimo comune* intorno a cui organizzare la varietà dei saperi e delle capacità operative, presenti nella nostra cultura e nella nostra scuola. A me pare che questi debbano essere i terreni d'elezione della scuola efficacemente formatrice in una società complessa: l'educazione della capacità del linguaggio, l'educazione della capacità di matematizzazione e l'educazione delle capacità tecnicooperative, fisico-materiali. Educazione linguistica, matematica, operatività: intorno a questa triade possiamo sperare che la scuola sappia rispondere ai compiti, alle sfide delle società contemporanee.

Nei luoghi in cui venti anni fa sono maturate prima e poi sono state formulate e sperimentate le *Dieci tesi per un'educazione linguistica democratica*, non occorre spendere troppe parole per dire che educazione linguistica non significa educazione al verbalismo o, peggio, alla verbosità, ai «flosculi» retorici, alla capacità di saper improvvisare discorsi su qualunque cosa. La parola cui vogliamo educarci non è suono o formula, ma è espressione di un senso che si radica nella dialogicità, nella cooperazione con gli altri, e nell'attrito con le cose e le esperienze che si vogliono esprimere.

Il linguaggio di cui parliamo e per come ne parliamo comincia nel silenzio di questo sotterraneo radicarsi e termina nel silenzio della comprensione di chi sa cogliere e accogliere il senso delle parole dette. È una parola che sa di avere sempre a che fare con il non ancora espresso e che attende espressione: e che si sa non sostituibile in questo suo compito estremo, ma ben volentieri proprio per ciò discretamente sa cedere il passo ad altri linguaggi, ad altri modi di organizzazione dell'esperienza – dall'immagine alla formula, dal simbolo all'operare – quando e dove questi assolvano meglio il compito di dominare vecchie e nuove esperienze.

Non c'è dubbio che la capacità di dominare questa parola, per intenderla e dirla, matura anzitutto sul terreno dello sviluppo delle capacità d'uso della lingua materna. Ma occorre fare alcune precisazioni. Ogni lingua è una lingua nutritasi dell'apporto di altre tradizioni linguistiche. È impossibile controllare appieno una lingua come l'inglese, senza sviluppare anche una discreta conoscenza del francese e del latino, di cui l'inglese ha nutrito oltre il 60% del suo vocabolario di base e comune; e non si conosce il latino classico, medievale e moderno senza una buona conoscenza del greco. Ciò vale per l'italiano: che si è nutrito di spagnolo e francese, si nutre oggi di inglese, ma che soprattutto è convissuto con un compagno sempre presente che è il latino nelle sue successive reincarnazioni classica, cristiana ed ecclesiale, medievale scolastica, medica e giuridico-notarile, scientifico-filosofica moderna. E metà buona di questi latini è greca di suono e d'anima semantica e sintattica.

Solo se vogliamo perpetuare una società divisa in classi di eletti, di mezzi uomini e di «quacquaraquà» è possibile privare l'educazione linguistica mediosuperiore della generalizzata conoscenza vitale del latino, del latino dei testi di Lucrezio e dei Vangeli, di Agostino, Bruno, Cartesio, Galilei.

Ma occorre una seconda precisazione. Solo un adeguato sviluppo della competenza nella madre lingua crea una pianta linguistica sufficientemente robusta per innestarvi la conoscenza di altre grandi lingue straniere di cultura: una lingua che è metà un dialetto neolatino come l'inglese, le grandi lingue romanze, le grandi lingue veicolari e di cultura del mondo contemporaneo. Quelle lingue di cui abbiamo bisogno come del pane se vogliamo vivere, come suggerisce Paul Ginsborg, una decente vita di settentrione del Sud mediterraneo e africano.

Terza precisazione: educazione al linguaggio e alla lingua così intesa vuol dire educazione a ciò che per e nel nostro linguaggio e nella nostra lingua vive: le nostre storie e le altrui, la nostra tradizione di cultura, che voci più alte e più umili che questa lingua che oggi parliamo e intendiamo hanno fatto nei secoli. Come sanno bene gli educatori cinesi e giapponesi, l'ideogramma resta uno scarabocchio indecifrabile se non è ricollegato ai *realia*, in funzione dei quali è nato. Ma in ogni lingua, anche nelle nostre, ogni parola è uno scarabocchio fonico o grafico e non la intendiamo se non la sappiamo riradicare nella storia che l'ha espressa. Sicché questo significa educazione linguistica: la forma più propria di educazione alla storia.

Questa educazione linguistica altro non è che la proiezione sul piano del linguaggio verbale di quelle idee che altri, da Célestin Freinet a Dienes a Emma Castelnuovo e Lucio Lombardo Radice, altri hanno elaborato sul terreno dell'educazione matematica: non ripetizione di teoremi, non capacità calcolistica da cavallo del circo o da calcolatrice tascabile, ma capacità di matematizzazione delle esperienze che ci stanno dinanzi e che viviamo, se e quando vogliamo viverle meglio, programmando il nostro rapporto con esse. Matematica che è, dunque, manipolazione accorta di dati, capacità di schematizzazione e integrazione tra schemi. *Lógos*, come *lógos* è il linguaggio, è operatività, prassi, come operatività e prassi è, nella radice prima e nei suoi sbocchi ultimi, ogni parola.

Dunque l'educazione linguistica e matematica rischierebbe di girare a vuoto se, fino al termine degli studi mediosuperiori, in contemporanea non sapessimo sviluppare la capacità, così aliena dal costume intellettuale nazionale, del sapere realizzare, del sapere fare: né il linguaggio né la capacità matematica si sviluppano fuori dell'attrito con l'agire e con il fare cose reali, nel mondo reale. Il controllo delle tecniche operative e realizzate anche nelle loro forme meno costose e più semplici devono entrare a fare parte del bagaglio culturale generalizzato dell'educazione medio-superiore.

1996

40.
SE UNA NOTTE D'INVERNO UN EDITORE*

Il titolo di questa relazione contiene, forse, un refuso. Se vogliamo indulgere alla moda decostruttiva, possiamo anche dire che una parola si cela sotto la parola *inverno*. E le persone che avranno la pazienza di leggere fino alla fine potranno agevolmente scoprirla.

Come Aristotele amava dire dell'essere, «libro di testo» *pollachôs légetai*, indica cose tra loro diverse e ciascuna di queste cose è a sua volta venata intrinsecamente di eterogeneità. Mi pare utile che ci si sforzi di dare e tenere conto di tali diversità ed eterogeneità, qualunque sia la strada che si vuole poi scegliere tra le molte possibili. Buone strade dovrebbero prendere in carico tali diversità e astenersi dal proclamare regole che presumano d'essere valide indipendentemente da esse.

Alcune diversità ed eterogeneità sono per dir così planetarie, altre sono specificamente italiane.

1. Una prima diversità è di natura planetaria ed è quella che proverei a chiamare verticale: con lo stesso lessema complesso, *libro di testo*, ci riferiamo al corso di letture o al sussidiario per le elementari, al testo disciplinare delle medie, al manuale istituzionale o specialistico universitario. Come si vede,

* In R. Calò, S. Ferreri (a cura di), *Il testo fa scuola. Libri di testo, linguaggi ed educazione linguistica*, La Nuova Italia, Firenze 1997, pp. 25-40.

la diversità verticale si correla anche a un diverso impianto dei contenuti: da una estesa plurivalenza disciplinare si va verso sempre più accentuate specializzazioni dei contenuti. Ma si correla soprattutto alla diversa età anagrafica e mentale dei discenti: dai bambini, ai ragazzi, a giovani adulti e adulte. A giudicare dal confronto con i testi in uso in Francia o Svizzera, in cui, per badare solo all'aspetto più evidente, sono marcati e talora estratti dalla pagina e riproposti in nero a margine tutti i vocaboli che si presumano nuovi e inauditi per il discente, nell'editoria scolastica italiana appare modesto il grado di consapevolezza della diversa capacità linguistica, lessicale e non solo lessicale, delle diverse classi anagrafiche di utenti. A mia conoscenza, sono restate isolate le esperienze di alcune case editrici del gruppo Giunti volte a cercare di correlare sistematicamente il grado di complessità linguistica della scrittura dei testi per la media inferiore e la formazione professionale e il grado di accertate o presumibili capacità linguistiche delle diverse rispettive classi anagrafiche. La correlazione resta affidata alla sensibilità intuitiva del singolo autore e/o degli operatori editoriali. C'è per ciò una sola attenuante: rapiti dal fascino di altre indagini, pochi tra noi linguisti si sono dedicati a esplorare con qualche sistematicità il livello medio di sviluppo delle capacità di comprensione linguistica dei nostri allievi dalle elementari alle superiori. Come provano i lavori fatti dall'Istituto per le tecnologie didattiche di Genova, da Lucia Lumbelli e suoi allievi e, a ondate successive, dalla metà degli anni Settanta a oggi, da gruppi di studenti e ricercatori che hanno lavorato e lavorano con me e con la cattedra di Pedagogia della Sapienza, si tratta di indagini faticose (a cominciare dalla fatica e dai sotterfugi per entrare nel sacro recinto delle aule) e, spesso, poco paganti dal punto di vista della titolografia concorsuale, anche dato il loro quasi ineludibile carattere di ricerche di gruppo. Se non abbiamo idee abbastanza chiare su quanta lingua sanno bambini e ragazzi, è difficile tarare il linguaggio dei libri di testo dalle elementari alle università sulle capacità di partenza dei destinatari.

Per inciso, vorrei ricordare che un frequente sottoprodotto di tali indagini è stata la registrazione dello stupore con cui diversi insegnanti accolgono i risultati che provano come parti di testo già «fatte», come si dice in gergo, già oggetto di spiegazioni e interrogazioni con risultati soddisfacenti, si rivelano largamente non compresi e non comprensibili.

Anche a voler lasciare inalterato l'impianto dell'attuale editoria scolastica e dell'attuale sistema di adozioni, bisognerebbe che tutte le parti in causa cooperassero per verificare le condizioni di accessibilità linguistica dei testi offerti alle varie classi di età nelle patrie scuole. Nello stile scientifico britannico e statunitense pare che siano vietate, tra le altre cose, le interrogazioni retoriche. In Italia molti di noi non saprebbero farne a meno, anche perché, spesso, non resta altro da fare. Per la verità un maestro di stile come Fortebraccio raccomandava di usarle con parsimonia: non più d'un punto interrogativo, diceva, per pagina di giornale. Consumo la mia razione. Se un ministro della Funzione pubblica, Sabino Cassese, seguito in ciò – si noti – da ben due diversi successori, ha potuto capire che la comprensibilità dei testi è una condizione tanto ovvia e banale quanto inderogabile e oggettivamente accertabile della loro efficacia presso i destinatari, è vano sperare che un giorno ciò possa essere capito anche da un ministro della Pubblica istruzione?

2. Una seconda diversità, anch'essa planetaria, è quella che proverei a chiamare diversità orizzontale: è quella risultante dal diverso rapporto tra testo e resto dell'insegnamento a seconda delle diverse materie. Nei testi di tipo umanistico le pagine hanno spesso un'autonoma misura di comprensibilità. Certo vi è sempre un rinvio a una generale e generica enciclopedia implicita nell'uso di una lingua. Non c'è enunciato linguistico che sia comprensibile *en soi-même et par soi-même*, come più volte ho cercato di mostrare in sedi teoriche. Ma nei testi discorsivi e umanistici, se il testo è ben costruito, i rinvii possono ridursi a ciò che è fisiologico per ogni enunciato in una lingua storico-naturale. E, in effetti, di là da questi, nei testi umanistici i rinvii, se vi sono, sono in generale *intratextual references*: «Diversamente da Cesare, Augusto non

combatté le magistrature tradizionali della Repubblica...»; «Come già Dante – si pensi anche solo a Barbariccia – Boccaccio attinge all'espressività popolaresca anche più bassa e triviale...». Invece un testo scientifico vede sistematicamente integrato il testo verbale con *extratextual references* di natura diversa: *extratextual surface references*, riferimenti, cioè, al materiale iconico, tabellare e formulare che affianca l'esposizione verbale; ed *extratextual deep references* o *hidden references* a una sistematica laboratoriale di osservazioni coordinate, misurazioni, generalizzazioni, verifiche operative senza le quali si capisce forse o, meglio, si crede e si può far credere di aver capito il *Sinn* delle frasi, ma ne resta impenetrabile la *Bedeutung*.

Non è possibile scrivere, non è possibile studiare, non è possibile usare e fare usare un testo di fisica o chimica allo stesso modo di un testo di storia. Se non percepiamo questa diversità, i risultati ultimi sono quelli fissati in un memorabile articolo di Enrico Persico sul perché in Italia nelle scuole e nelle università si studia male la fisica: perché ci si appaga di una utilizzazione puramente verbalistica dei testi.

Qui cominciamo a vedere che, da un'angolazione particolare, la questione dei libri di testo coinvolge estesamente l'intero impianto del nostro insegnamento.

A queste due prime diversità planetarie si aggiungono altre diversità, assai più nazionali. Più che di diversità si tratta di eterogeneità intrinseche alla fattura dei nostri testi scolastici.

3. Anzitutto viene la intrinseca eterogeneità didattica: un testo è: a) strumento di insegnamento (l'insegnante ci trova quello che deve insegnare) *e* di apprendimento (lo studente ci trova quello che deve imparare); b) eserciziario (dove c'è) di apprendimento *e* (e non è per niente la stessa cosa) di verifica. Sono coppie di funzioni del tutto eterogenee che, mal mescolate insieme, e in combinazione con la casualità e lacunosità dei modi di formazione e reclutamento degli insegnanti, generano un ulteriore livello di eterogeneità didattica.

4. L'eterogeneità didattica si sdoppia o addirittura triplica in: i) funzione promemoria sulle lezioni da fare; ii) funzione informazione preliminare su quanto serve all'insegnante per i); iii) funzione aggiornamento sia sui contenuti sia sui metodi di insegnamento.

È in questa eterogeneità crescente di funzioni la prima causa prossima della dilatazione progressiva, irrefrenabile dei nostri testi: la letteratura italiana di Francesco De Sanctis pesava un chilo e duecento; cent'anni dopo quella di Vittorio Rossi pesava un chilo e ottocento; sessant'anni dopo quella di un nostro valente filologo e letterato pesa nove chili e ottocentocinquanta. Qualche anno fa mi è accaduto di difendere la nostra editoria scolastica da attacchi che mi parevano ed erano ingiusti e superficiali. Forse gli editori mi permetteranno di dire che, certo non per loro responsabilità esclusiva, essi sono stati trascinati a secondare l'andazzo di una scuola che, a parole (cioè nei programmi e negli orari), ha cercato sempre di più di dare e darsi l'illusione di abbracciare tutto lo scibile. A scuola-pigliatutto testo-pigliatutto: questo è stato il motto regolativo della nostra editoria scolastica.

Ma non è finita. Vi è una diversità quinta e suprema.

5. La eterogeneità «bibliografica»: per una parte della popolazione studentesca (e insegnante?) italiana un libro di testo è un libro, un oggetto come altri usuali, da giudicare bello o brutto a seconda dei casi. Ma per un'altra parte no. Sessantaquattro italiani su cento non leggono mai un libro non scolastico. Soltanto in venti famiglie italiane ogni cento ci sono in casa più di venticinque libri, e in ventitré famiglie su cento non c'è nessun libro. Per quel 70% circa (almeno) di bambini e ragazzi che vivono in ambienti in cui il libro non c'è e/o non è usato per esser letto, ma giace inerte, con pochi compagni, su una mensola del salotto buono, il libro di testo, il peggior libro di testo, non è un libro, è «*o libbro*»: è l'incontro unico con l'atto di leggere, è una realtà unica e assoluta, come la Bibbia nei quadri con san Girolamo o nella Madonna di Antonello. E sta proprio qui, in questa sinistra giustapposizione tra arretratezza abiblica italiana e libri scolastici, il

più forte argomento per una difesa totale di questi, per quanto magari abominevoli e abominandi, come insegnava venticinque anni fa Lucio Lombardo Radice. Ed era, la sua, una appassionata iterazione concettuale del donmilanesco «la scuola è sempre meglio della merda».

Oso supporre che ben pochi autori e editori e non tutti gli insegnanti si rendano conto di ciò, del fatto cioè che il libro di testo, la forma-libro, penetra, sette volte su dieci, in un ambito culturale e in *patterns* mentali cui è antropologicamente estranea l'attività del leggere come attività autonoma, spontanea, con tutto quel che ne segue in termini di difficile accesso a qualunque pagina scritta. Ho detto «non tutti gli insegnanti». Una recentissima esemplare indagine Doxa ci consente di farci un'idea un po' meno pessimisticamente o ottimisticamente approssimativa su questo punto, integrando i dati dell'Istat. Dalla tavola F1 dell'indagine Doxa (*Indagine sulla lettura dei libri in Italia*, dicembre 1995), risulta che su dieci insegnanti sette sono «lettori regolari», cioè leggono almeno tre libri l'anno, uno è un «lettore occasionale», cioè legge uno o due libri l'anno, due sono assoluti «non lettori». È, a un dipresso, il comportamento della fascia dei laureati, in cui anche abbiamo, a fronte di sette lettori, tre non lettori o lettori occasionali.

Dunque, un terzo degli insegnanti appartiene allo strato abiblico della cultura antropologica nazionale, da cui vengono due terzi degli allievi. Anche per questi insegnanti l'impatto con il libro che adottano è un impatto assoluto, metafisico, mistico. Da loro non ci si può aspettare granché in materia di promozione della lettura. E dagli altri? Dai sette su dieci che dichiarano di leggere almeno tre libri l'anno?

L'indagine Doxa ci aiuta a circoscrivere un'ipotesi di risposta. I 15-24enni, come ormai si dovrebbe sapere, sono assai più forti lettori di libri non scolastici rispetto a ogni altra fascia d'età. Dati Istat e Doxa qui convergono: i non-lettori, che sono più della metà sul complesso della popolazione, più del 70% tra gli ultracinquantenni, nella fascia giovane sono «soltanto» il 24%. È un vero miracolo. I sette giovani lettori su dieci vengono per più della metà da ambienti dove il libro non scolastico non entra e non è mai entrato. Che cosa li spinge a leggere ce lo dice la tavola 2.5 dell'indagine Doxa: anzitutto l'«effetto banana», cioè, più ancora che nella media nazionale, il tam-tam di amici (38,8%, contro il 33,7% medio); al secondo posto, ma a grande distanza (mentre per gli adulti c'è l'aver visto il libro in libreria, 14%, l'averne sentito parlare da familiari, 13%, o l'averne letto in quotidiani e periodici, 12%, l'averne sentito parlare in televisione, 9%), per i giovani la spinta a leggere viene dagli insegnanti (14%), dai banchi dei librai (13%), dai familiari (11%). Insomma, sia pure con forza enormemente minore del tam-tam, la scuola ha una sua parte nel creare un abito di lettura almeno nei più giovani anni. Un elemento di grande interesse viene da una tavola (2.6) in cui al 14% di ragazzi che, tra i lettori abituali, dichiarano di avere letto spinti da insegnanti, si chiede in che modo questa spinta si è manifestata: a cinque su cento l'insegnante ha «chiesto/imposto» di leggere un «brano» durante l'anno, a quattordici è stato chiesto di leggere tutto un libro durante le vacanze, a ventiquattro è stato chiesto di leggere il libro durante l'anno scolastico. Il comportamento di gran lunga più efficace è il «rito ambrosiano». Devo giustificare quest'espressione: sant'Agostino imparò da sant'Ambrogio che si poteva *legere tacite*, con tutti i vantaggi che le persone istruite da millecinquecento anni hanno scoperto, non perché Ambrogio glielo imponesse, ma guardandolo con rapito stupore e imparando a imitarlo (*Confessiones*, VI, 3, 2). Ebbene, in una consistente parte dei casi in cui i ragazzi hanno scoperto la lettura, in quarantadue casi su cento l'insegnante non ha chiesto, non ha imposto, ma si è limitato a parlare di un autore o di un libro che stava leggendo, al più aggiungendo che era interessante.

A occhio e croce questo significa che solo un paio di insegnanti ogni dieci ha con i libri non scolastici un rapporto giusto: li considera beni d'uso usuali, realtà a cui è ovvio accostarsi per la luce, per l'aria, per la vita che se ne sprigiona. Non esortano alla lettura, perché sarebbe come esortare a usare la vista, il respiro, l'udito, il tatto. E il loro esempio è più efficace di ogni raccomandazione.

Ma sono un gruppetto minoritario. Per gli altri, vige dal meno al più la generale condizione abiblica in cui il libro di testo si offre come, se non solitaria ed esclusiva, certo privilegiata e predominante esperienza di lettura.

Torniamo alle nostre eterogeneità. Lo stesso libro si offre come realtà eterogenea se lo usa un insegnante di minoranza, libro tra libri, o un insegnante che qualche dimestichezza con altri libri comunque ce l'ha, almeno una volta ogni quattro mesi, o, invece, un insegnante compattamente abiblico; ed è ancor più una realtà eterogenea per gli allievi: per chi viene da ambienti in cui leggere è un'abitudine come le altre oppure ha avuto la ventura di incrociare uno, almeno uno, basta un insegnante di minoranza, oppure viene da questi sette decimi di popolazione in condizione abiblica.

Questo cumulo di eterogeneità rende difficili interventi radicali ragionevoli.

Prendiamo il caso di cui al punto 5: si può correggere attraverso una profonda rivoluzione culturale che renda i libri nella loro pluralità familiari (presenti in famiglia, nelle case) per l'80% delle persone (insegnanti compresi). Oppure il caso al punto 4: si può correggere con una profonda riforma delle università e dei meccanismi di formazione dei futuri insegnanti e, per quelli in servizio, con la creazione di un sistema generalizzato di educazione ricorrente e riqualificazione. È inutile sperare di azzerare queste eterogeneità e i loro pravi effetti lavorando solo su e dentro la materia *libri di testo*.

Ma forse potremmo cercare di uscire dall'inferno della scuola italiana, dal groviglio di pene che paiono ineluttabili ed eterne.

Qualcosa si potrebbe fare fin d'ora, se un editore (o più d'uno) fosse disposto a rischiare: testi smilzi di apprendimento con inclusi esercizi di apprendimento + test di verifica dall'ingresso all'uscita + testi non smilzi per l'insegnante (vedi *livre de l'instituteur*). Allora il linguaggio del testo smilzo, una volta chiaro che è per lo studente e non per l'insegnante, potrebbe essere studiato nelle forme che gli siano adeguate e il linguaggio del testo non smilzo potrebbe alfine liberamente implementarsi di quei lessemi e plessi lessematici che saturino l'ansia di sapere e di permanentemente innovativa sofisticazione metodologico-epistemica dei docenti e che oggi, strozzati, mortificatamente compressi, si abbattono con devastanti effetti sulle capocce degli innocenti, costretti a incontrare fin dalla terza elementare gli antonimi, gli iperonimi e le etichettature.

Ma la scuola deve rinunziare a essere scuola-pigliatutto.

1996

41.

RICHIESTE SOCIALI E CAPACITÀ LINGUISTICHE DELLE GIOVANI GENERAZIONI ITALIANE*

1. Rispetto al passato, si hanno oggi alcune indagini sulla effettiva consistenza del patrimonio linguistico di bambine e bambini, ragazze e ragazzi italiani in età scolare e sulle loro capacità di utilizzazione di questo patrimonio in concrete situazioni comunicative e/o dinanzi a testi e a test determinati.

Spesso non tanto i dati analitici disponibili, su cui torneremo, ma prelievi soggettivi e accidentali o semplici impressioni hanno aperto la via a valutazioni negative e frettolose, specialmente per quanto riguarda le fasi dell'adolescenza e prima giovinezza (alcune di queste valutazioni tuttora riecheggianti sono discusse in De Mauro 1990). D'altra parte anche osservazioni meglio fondate hanno avuto un taglio prevalentemente socio-linguistico e non sono state inserite in un adeguato modello psicologico-linguistico dello sviluppo delle capacità e abilità linguistiche dall'infanzia alla tarda adolescenza.

Tale sviluppo si presenta in generale come una progressiva differenziazione e crescita longitudinale di bisogni e capacità, che si concreta anzitutto in una diversa polarizzazione sulle diverse funzioni e dimensioni dei segni linguistici. Un quadro di queste può aversi integrando gli apporti di una linea teorica che va da Saussure a Karl Bühler e di una linea cui appartengono i logici e teorici dei calcoli degli anni Trenta, la semiotica di Charles Morris e la teoria dell'informazione di

* In M.E. Piemontese, *Bisogni linguistici delle nuove generazioni*, La Nuova Italia, Firenze, in corso di stampa.

Claude E. Shannon e Warren Weaver (rinvio, per la giustificazione di tale integrazione, a De Mauro 1982). Esse sono: la funzione e dimensione espressiva, la funzione e dimensione di appello o pragmatica, la funzione e dimensione di rappresentazione o semantica, la funzione e dimensione sintattica. La prima ha radici nei «segnali di territorio», è la più soggettiva ed esposta all'egocentrismo; la seconda cerca il contatto con gli altri e orienta il parlare su di loro; la terza orienta il parlare sulle cose da dire; la quarta è la più astratta e su di essa il singolo segno si raccorda agli altri del codice, alla loro grammatica e sintassi.

Nella crescita linguistica individuale da un'iniziale polarizzazione sulle funzioni di espressione e di appello si passa a un crescente rilievo della funzione di rappresentazione e della sintatticità. Anche sul piano delle utilizzazioni della parola da un'iniziale polarizzazione sugli usi produttivi (specialmente orali) si passa a un progressivo affinamento degli usi ricettivi e di esplorazione epistemico-coscienziale.

I fatti italiani che riusciamo a individuare con precisione si inquadrano anzitutto in questa fenomenologia generale della crescita linguistica e psicologico-linguistica. Da Vygotskij agli studi sul 'pubiletto', questa è nota da tempo negli studi di taglio psico-linguistico (Titone 1995). All'espansione linguistica e perfino alla vera fioritura espressiva sempre più intensa nella fase infantile prepuberale, «gnoseoegocentrica», segnata da fenomeni di apparente sicuro possesso del repertorio espressivo, e non solo *langagière* ma anche di altre forme espressive (disegno, canto, danza), seguono la brusca scoperta di una tensione tra l'io e gli altri io e la percezione del potere degli altri in quanto nodi di una potente rete di rapporti sociali consolidati. Ai dati psicologici si affiancano, rafforzandoli, i dati di natura sociologica sulla diffidenza verso gli altri (Buzzi 1997, pp. 95-97). Si ha allora una fase segnata dal bisogno di autoaffermazione, «dinamicoegocentrico»: il correlato linguistico è un rattrappimento iniziale delle capacità espressive, fino – fu detto già molto tempo fa – all'apparente inaridimento e mutismo, cui si accompagna e segue la ricerca di gerghi, di slang e argot, il gusto sofistico per la consequenziarietà logica, per i giochi di parole, per ciò che, percependosi come deviante dallo standard, serve come elementare strumento di autoaffermazione. Tutto ciò si accompagna a un costante senso autocritico o, meglio, a un costante senso dell'inadeguatezza del proprio io e, in particolare, del proprio esprimersi. Questa fase di ricerca, insicurezza, incertezza dura fino alla prima giovinezza, anzi si prolunga di parecchio tra gli e le ultraventenni (Cavalli 1997) e rende gli e le adolescenti apparentemente chiusi in se stessi e in realtà specialmente sensibili a ciò che Titone (p. 24) chiama «atmosfera culturale dell'ambiente».

Estremamente mutevole, dunque, a seconda delle «atmosfere», da luogo a luogo e da un anno all'altro, viene così a delinearsi il *pubilect*, «pubiletto» (Danesi 1994, Titone 1995): una forma espressiva, uno stile, in cui dominano, dal punto di vista psicologico-linguistico, bisogno insoddisfatto di autoaffermatività e insicurezza, chiusura in se stessi fino alla *coolness*, alla frigidità, donde le sortite da un lato verso la ricerca e adesione a forme di devianza, dall'altro verso alla soggezione agli standard ambientali. Questa caratterizzazione psicologico-linguistica sembra una buona chiave per interpretare sparse osservazioni e lavori di insieme sul linguaggio degli adolescenti italiani, e va tenuta in conto anche dal punto di vista di misurazioni, valutazioni e pratiche educative.

Per l'Italia, a parte lavori d'assieme (Coveri 1983, 1988, De Mauro 1990), il dato per noi in questa sede più interessante resta la valutazione di C. Grassi e L. Coveri: «"La natura più originale e più 'nuova' del linguaggio giovanile è da cercare non tanto negli elenchi di parole o delle espressioni che vi ricorrono, quanto piuttosto nei tabù che esso ha infranto" (Grassi 1983), ma contemporaneamente nel riproporsi, in termini nuovi, del problema di una sorta di "neoanalfabetismo" non meno preoccupante di quello storico» (Coveri 1988, p. 235).

2. Più estese rilevazioni contribuiscono a mettere in evidenza quello che possiamo chiamare il *décalage longitudinale* delle prestazioni linguistiche di alunni e alunne delle scuole italia-

ne: nel valutarlo, occorre tenere conto delle inevitabili caratteristiche dello sviluppo e della crescita linguistica dall'infanzia alla prima giovinezza; e di quanto incidano certe aridità dell'ambiente familiare e sociale, inefficienze dell'insegnamento (massicciamente presenti nella consapevolezza dei giovani, anche tra i più convinti dell'importanza degli studi: Gasperoni 1997, pp. 41-47, 51) e rigidità linguistico-stilistiche dei materiali scritti con cui i giovani sono messi a confronto.

Buone qualità di ricchezza lessicale si rivelano nel *Lessico elementare* (Marconi *et al.* 1994), opera di un gruppo di statistici genovesi che pareggiano i lavori di Thorndike e altri per l'inglese dei ragazzi e dei libri per ragazzi e di Justicia Justicia per lo spagnolo. E una vera e propria festosità espressiva è stata più volte rilevata nelle produzioni scritte e grafiche della prima infanzia (De Mauro 1979).

Ancora più interessanti ai nostri fini sono per la loro accuratezza, per la dimensione comparativa e per i confronti longitudinali che consentono, le indagini Iea: quella sulla produzione scritta, Iea-Ips, della metà anni Ottanta, svolta con il Cede; e quella dei primi anni Novanta, Iea-Sal, sui livelli di alfabetizzazione funzionale, svolta fondamentalmente grazie all'iniziativa di gruppi sparsi di linguisti della Sli e del Giscel, da Venezia a Palermo, e di pedagogisti di Roma, che in materia di comprensione di testi ci ha dato risultati comparabili internazionalmente per il termine del secondo ciclo della scuola elementare e per il termine della scuola media inferiore. Da entrambe (Corda Costa-Visalberghi 1995) risulta che a ottime prestazioni a livello elementare (5° posto nel mondo nei livelli di comprensione e alfabetizzazione funzionale) fanno riscontro prestazioni meno brillanti al termine della media inferiore, dalla quale intorno al 20% esce in condizione di analfabetismo funzionale, e della media superiore, su cui tornerò tra breve. Una successiva indagine a campione (Mpi-Censis 1994) conferma questa percentuale di alunni gravemente a rischio già al termine delle elementari (p. 16) e le generali difficoltà di comprensione di testi informativi e di istruzioni (rilevata anche dall'indagine Iea-Sal), anche se i risultati sono ancor più drammatici per la matematica, dove solo il 17% degli alunni è sufficiente o più che sufficiente (p. 31) e l'83% è sotto questo livello.

Il calo di rendimento a mano a mano che si procede nei livelli scolastici è confermato anche da altre indagini.

Un'indagine sulla comprensione svolta a Roma nel 1995 ha rivelato che nei bienni quasi il 30% ha difficoltà o gravi difficoltà (e non più solo il 20% come al termine della media inferiore), con migliori prestazioni nei licei e istituti tecnici e più scarse nei professionali (Benvenuto-Lastrucci-Salerni 1995, pp. 175-77).

Anche ben documentato è il *décalage* nella qualità della produzione scritta nel passaggio da elementari a medie inferiori e da medie inferiori a media superiore, risultante dalla prima delle due indagini Iea già ricordate (Lucisano-Takala 1988, Lucisano *et al.* 1995, Benvenuto 1995): il livello «alto» delle prestazioni cala da 37,7% nelle elementari, a 26% in terza media, risale al 31,9% al termine del biennio (evidente effetto della doppia scrematura al termine della media e nel primo anno di biennio), ma riscende al 29% al termine della pur scrematissima superiore; il livello «basso» sale dal 24,1% elementare al 32,8% terza media, ricala al termine del biennio, 28,1%, risale al 32% al termine delle superiori.

Tracce di *décalage* linguistico affiorano perfino nel passaggio dalle scuole preelementari all'elementare nei bambini familiarmente italofoni (Wetter 1996, pp. 24, 150).

Del resto tra anni Settanta e Novanta il *décalage* appare qualcosa che non ha a che fare solo o soprattutto con gli allievi, ma con il sistema scolastico in sé: da un'ottima scuola per l'infanzia, anche non statale (Edwards-Gandini-Forman 1993) e dalla ancora fiorente scuola elementare si arriva ai livelli insoddisfacenti delle superiori, e non solo per gli aspetti linguistici (Gasperoni 1997).

3. Il calo delle prestazioni linguistiche dalla prima infanzia all'adolescenza e prima giovinezza, che abbiamo chiamato longitudinale, è naturalmente un calo anzitutto medio e, in secondo luogo, è un calo da ricondurre a test e misurazioni traguardate sulle diverse età e sull'ipotesi di una crescita com-

plessiva di capacità dall'infanzia alla giovinezza. Ciò precisato, il calo longitudinale è nel complesso ben documentato. Esso è certamente una fonte della cattiva stampa che il linguaggio dei giovani ha non solo presso gli orecchianti, ma anche tra diversi specialisti. In più, la valutazione negativa si muta spesso in una valutazione diacronica. Che i diciottenni risultino meno brillanti dei seienni non implica in alcun modo che i diciottenni di oggi siano meno brillanti dei diciottenni di ieri. Torniamo così alla questione cruciale del neoanalfabetismo.

Se abbiamo diverse indagini che convergono nel permetterci di constatare il calo longitudinale delle prestazioni linguistiche, abbiamo altrettante e altrettali indagini che ci permettano di asserire oggettivamente un peggioramento delle capacità linguistiche delle generazioni giovani negli ultimi decenni?

La risposta è e deve essere problematica. Non abbiamo dati relativamente diretti e specifici per un'affermazione del genere né per una opposta, tranne un frammento, una minuscola scheggia fattuale di cui dirò poi. Abbiamo però dati indiretti: per esempio quelli sulla propensione alla lettura. È una sciocchezza infondata dire che in Italia oggi i giovani leggono meno degli anziani ed è altrettanto infondato dire che i giovani d'oggi leggono meno di quelli del passato. Le due sciocchezze si mescolano insieme nelle lamentazioni di chi ama fare il *laudator temporis acti – se iuvene*. Dagli anni Cinquanta sappiamo con certezza che 1) le classi giovani hanno letto più delle anziane delle rispettive epoche e 2) di anno in anno è cresciuta la loro propensione, specie tra ragazze e giovani donne (De Mauro 1992 [ma 1979] pp. 56-61, Istat 1993, pp. 10-11, 130-31, Doxa 1995, pp. 8-10, Istat 1997, prospetto 1.3, 1.6, 7.1).

Naturalmente ciò è correlato al crescere degli indici di scolarità delle classi giovani: ancora nell'anno 1970 esse erano per metà escluse dalla licenza media inferiore, alla fine degli anni Novanta ottenuta da oltre il 90%, e ancora pochi anni fa avevano indici di diploma poco superiori al 30% oggi più che raddoppiati. È ben ovvio che i giovani leggano assai più delle generazioni adulte, con indici di scolarità enormemente più bassi, e che oggi leggano più che in passato, esattamente per lo stesso motivo di fondo: il crescere dell'indice di scolarità (De Mauro 1995, pp. 9-10). Nel quadro dell'aumento della percentuale di scolarizzati delle fasce giovani è aumentato anche, non poteva non aumentare, l'indice di propensione alla lettura di libri delle classi anagrafiche giovani, specie, come si è detto, delle ragazze, ma, se si considerano più attentamente i dati, si vede che l'indice di lettura è aumentato assai meno dell'indice di scolarità.

Altrimenti detto: le fasce giovani leggono assai più delle anziane, ma meno di quanto ci si attenderebbe in base alla crescita degli indici di scolarità. Diversamente dalle lamentazioni generiche, abbiamo qui un preciso indicatore: tra le classi giovani, pur nella loro propensione alla lettura costantemente maggiore che tra gli anziani e pur nella crescita diacronica complessiva di tale propensione, a parità di livelli scolastici è certamente peggiorato il rapporto con i libri e con la lingua scritta dei libri.

Va nello stesso senso un frammento di analisi oggettive comparabili in diacronia. A inizio anni Ottanta (Boni 1982) la percentuale di lemmi del vocabolario Zingarelli nota a giovani laureati della Sapienza di Roma oscillava tra il 60 (laureati di magistero) e il 75% (laureati in giurisprudenza). In alcuni sondaggi intesi a ripetere la stessa indagine, compiuti nella Facoltà di lettere della Sapienza, le percentuali sono apparse drasticamente calate e oscillano tra un minimo del 28% e un massimo del 50%. Il sondaggio è troppo esiguo per proporre qui una media, ma non si è lontani dal vero se si ipotizza che l'indice di ricchezza lessicale di giovani di pari livello di istruzione abbia conosciuto una forte flessione, se non un dimezzamento.

Naturalmente, non si trascuri l'inciso che abbiamo più volte inserito in queste note: «a parità di livello scolastico». Si tenga conto, se si vogliono trasformare le (scarse) misurazioni in valutazioni globali, che, nel frattempo, gli indici di scolarità delle fasce giovani sono, come si è detto, enormemente cresciuti. Nel complesso, dunque, la condizione linguistica globale delle giovani generazioni (e dell'intera popolazione) è certamente migliorata, anche se a parità di livelli scolastici abbiamo tracce di flessioni nella qualità delle prestazioni. Ma assai più dolente è un altro punto: nello stesso tempo, negli ultimi decenni e anni, sono di molto cresciute le richieste che l'ambiente linguistico rivolge a ragazzi e giovani, come agli adulti.

4. Proviamo a delineare le richieste linguistiche che istituzioni, scuola e società rivolgono e spesso impongono senza filtri e senza riflessione a bimbi, giovani e, del resto, adulti. Alla fascia giovane viene richiesto di imparare a gestire rapporti anzitutto ricettivi, ma anche produttivi con una vasta e varia serie di realtà linguistiche. Provo a enumerarle:

il parlato familiare colloquiale;

la consistenza linguistico-culturale dei patrimoni familiari (a loro volta generalmente poveri di rapporti con la lingua scritta di giornali e libri: solo pochi adulti leggono abitualmente quotidiani e libri, meno di un quarto soltanto possiede in casa più di 50 libri);

il patrimonio folclorico e ludico del passato;

i dialetti (presenza ormai tendenzialmente residuale nelle maggiori aree urbane);

l'ascolto televisivo (che, nella penuria nazionale di altre fonti, riveste in Italia un ruolo positivo, nel limite delle tre ore massime d'ascolto, secondo dati di origine Iea: De Mauro 1994, pp. 132 sgg.);

i diversi livelli del patrimonio linguistico nazionale (fonologia standard e regionale, lessico, morfologia lessicale, grammatica e sintassi, norme pragmatiche e testuali);

lingue altre, per le quali abbiamo qualche maggiore dettaglio (Boylan-De Mauro 1995): mentre al 1989-90 il 50% della popolazione ha incontrato le lingue a scuola, solo il 30% dichiara di averne qualche conoscenza, e solo meno del 20% risulta averne una conoscenza buona o più che buona: l'11,3 inglese, il 9,7 francese, il 2% tedesco; queste percentuali medie crescono nelle fasce giovani, 11-25 anni, che hanno quote quasi doppie rispetto alla media e triple rispetto ai più che quarantacinquenni; nel 1995 (Istat 1997, pp. 79 sgg.) si registra un miglioramento netto: la conoscenza buona o ottima sale: inglese 21,4, francese 15,4, tedesco 3,6, spagnolo 1,6; protagonisti di questo salto sono le classi giovani, specie le donne, i e le giovani e non la scuola (Gasperoni 1997, pp. 49-50), con medie che oramai arrivano a essere perfino quadruple rispetto agli ultraquarantacinquenni: i 15-17, 18-19, 20-24 hanno conoscenza buona o ottima per il francese del 28,9, 27,0 e 26,1%; per l'inglese del 52,2, 50,9 e 45,4%; nelle stesse classi d'età hanno ormai presenze significative rispetto al passato il tedesco (2,9, 2,9, 3,2%) e lo spagnolo (0,7, 0,7, 1,3%);

i testi scolastici, in cui persistono scritture non tarate sulle capacità, nemmeno e almeno sulle ottimali, delle diverse età, e che presentano assai spesso indici di leggibilità qualificabili come «di difficile comprensione» o «molto difficili» in rapporto alle varie età (Marconi *et al.* 1994, p. 26, Piemontese-Cavaliere 1997, Giscel Piemonte 1997, Giscel Veneto 1997), cosa tanto più grave se si pensa che nel sondaggio sulla ricchezza lessicale degli universitari citato prima è risultato che non viene capito il 17% dei «vocaboli chiave» (parole essenziali dei campi disciplinari del biennio tratte dai testi scolastici e registrate nel *Daic*);

i linguaggi dei servizi di immediata necessità: si pensi che, per fare solo un esempio, alla fine degli anni Ottanta il 24% delle dichiarazioni dei redditi è inutilizzabile per il cumulo di errori di grammatica, lingua, miscomprensione del testo, questa non priva di giustificazioni, da parte dei compilatori (De Mauro 1990): ma la incomprensibilità della comunicazione pubblica italiana è generale e nota (Piemontese 1996) e non sorprende che il 41% dei 15-18enni non comprendesse niente della vecchia bolletta dell'Enel anteriore al 1997;

linguaggi delle tecniche produttive, delle leggi e della Costituzione, delle scienze (meno del 20% sa che vuol dire *aleatorio*), delle lettere, che appare drammaticamente mediocre come risulta da un'indagine di Milano Statale (E. Raimondi in «Corsera» 20.3.98), delle arti (per l'insieme Gasperoni 1996).

5. Per quel che è possibile capire, il complesso delle richieste è nello stesso tempo sciatto e alto, rozzo e malagevolmente accessibile. Si pensi al modo in cui sono redatti in generale i

testi per le scuole elementari e medie, o al pessimo stato di partenza della circolazione e dell'insegnamento di lingue straniere, un genere di prima necessità nelle verbalmente enfatizzate e solo fiscalmente concrete prospettive europee, o al persistente stato della comunicazione pubblica, uno stato intollerabile (tale dovrebbe essere per tutti i cittadini italiani). Un curricolo integrale di educazione linguistica non può trascurare lo stato delle richieste sociali, ma non dovrebbe nemmeno subirle senza reagire. Chi si preoccupa di aspetti negativi del linguaggio delle giovani generazioni dovrebbe dedicare qualche sua fatica anche a rimuovere ciarpami e maldestre oscurità che si annidano nei testi scolastici, nella comunicazione pubblica, nella saggistica; e a porre mano a strutture che facilitino l'accesso alle letture e alle lingue straniere.

Sono noti i dubbi sulla possibilità stessa di una educazione linguistica espressi da Noam Chomsky. Sono dubbi che si saldano in Chomsky alla sua visione parmenidea della realtà linguistica: una, immota, il variare e le diversità sono irrilevanti menzogne.

Forse perché scoraggiato dalla lentezza con cui le mete dell'educazione linguistica delineata nelle *Dieci tesi* si vengono realizzando, Raffaele Simone ha proposto un suo *minimal program* linguistico-educativo (Simone 1997).

Possibilità e modalità realizzative di una educazione linguistica che ci aiuti a ridurre distanze e svantaggi linguistici (su cui, da ultimo, i contributi in Colombo-Romani 1996) restano affidate all'accettazione della nozione e idea forza di 'spazio linguistico' e al correlativo obiettivo della mobilità in esso come traguardo minimo al termine della media superiore, proposto già un quarto di secolo fa dalle *Dieci tesi per una educazione linguistica democratica*. Si potrebbe perfino coltivare la speranza che, se quell'obiettivo fosse raggiunto su larga scala, nel prossimo secolo i moduli delle tasse di nettezza urbana siano scritti in modo meno incomprensibile, i libri di scuola partano dalle conoscenze linguistiche degli allievi delle varie età per farle crescere e arricchirle e i cronisti del quotidiano elettivo di politici e intellettuali *established* non dicano più che una via è il *trade unions* tra un luogo e l'altro della città.

In funzione di tale obiettivo 'rodariano' («tutti gli usi della lingua a tutti») sono possibili proposte graduate per fasce d'età e tipi d'utenza. Ma esse avranno e devono avere alcuni elementi di base comuni: occorre che gli insegnanti lavorino sulle motivazioni a capire ed esprimersi, non meno rilevanti del trapassato remoto, imparino (e imparino gli autori di libri di testo) a misurare pazientemente il noto e l'ignoto lessicogrammaticale medio delle varie età per muovere da esso, stimolarne e verificarne l'arricchimento; e occorre definire credibili standard longitudinali. Ancora una volta gioverà ricordare che questa non è una via facilitante per chi insegna e per chi studia. Essa richiede un salto di competenze per gli insegnanti (e per chi presume di poterli formare) e più impegno alle giovani generazioni. Lamentarsi della loro inettitudine e della lingua selvaggia e seguitare in vecchie *routines* è certamente più facile e trova più ascolto in quello che Gaetano Salvemini chiamava «l'abominevole giornalismo italiano».

1998

Riferimenti bibliografici

Banfi E., 1995, *«Linguaggio dei giovani», «linguaggio giovanile» e «italiano dei giovani»*, in T. De Mauro (a cura di), *Come parlano gli italiani*, La Nuova Italia, Scandicci, pp. 149-56.

Banfi E., Sobrero A. (a cura di), 1992, *Il linguaggio giovanile degli anni novanta. Regole, invenzione, gioco*, Laterza, Roma-Bari.

Benvenuto G., 1995, *I risultati nelle prove di scrittura*, in Corda Costa-Visalberghi 1995, pp. 211 sgg.

Benvenuto G., Lastrucci E., Salerni A., 1995, *Leggere per capire*, introduzione di M. Corda Costa, Bulzoni, Roma.

Boni M., 1982, *Estensione del vocabolario ricettivo negli adulti di classe colta*, tesi di laurea in Filosofia del linguaggio, Facoltà di Lettere, Università di Roma, Roma.

Boylan P., De Mauro T., 1995, *L'incidenza dell'apprendimento di una lingua straniera*, in P. Desideri (a cura di), *L'universo delle lingue*, «Quaderni del Giscel», La Nuova Italia, Scandicci, pp. 3-15.

Buzzi C., 1997, *Rischio, sfiducia negli altri, disagio*, in Buzzi-Cavalli-de Lillo 1997, pp. 87-102.
Buzzi C., Cavalli A., de Lillo A., 1997, *Giovani verso il Duemila*, IV rapporto Iard sulla condizione giovanile in Italia, Il Mulino, Bologna.
Calò R., Ferreri S. (a cura di), 1997, *Il testo fa scuola*, «Quaderni del Giscel», La Nuova Italia, Scandicci.
Cavalli A., 1997, *La lunga transizione all'età adulta*, in Buzzi-Cavalli-de Lillo 1997, pp. 15-32.
Colombo A., Romani W., 1996, *Lo svantaggio linguistico: problemi di definizione e di intervento*, «Quaderni del Giscel», La Nuova Italia, Scandicci.
Corda Costa M., Visalberghi A. (a cura di), 1995, *Misurare e valutare le competenze linguistiche*, La Nuova Italia, Scandicci.
Coveri L., 1983, *Prospettive per una definizione del linguaggio giovanile in Italia*, in G. Holtus, E. Radtke (a cura di), *Varietätenlinguistik der Italienischen*, Narr, Tübingen, pp. 133-41.
Coveri L., 1988, *Sprache und Generationen*, in G. Holtus, M. Metzeltin, Chr. Schmitt (a cura di), *Lexikon der Romanistischen Linguistik. IV, Italienisch, Korsisch, Sardisch*, Niemeyer, Tübingen, pp. 230-36.
Daic, 1997, T. De Mauro, *Dizionario avanzato dell'italiano corrente*, Paravia, Torino.
Danesi M., 1994, *Cool: The Signs and Meanings of Adolescencet*, University of Toronto Press, Toronto.
De Mauro T., 1979, *Letteratura «infantile»: un nuovo senso*, introd. a I. Belloni, *Storie vere, storie matte*, Lef, Firenze, rist. in De Mauro 1992, pp. 176-80.
De Mauro T., 1982, *Minisemantica dei linguaggi non-verbali e delle lingue*, Laterza, Roma-Bari 1982[1], 2000[6].
De Mauro T., 1990, *Il patrimonio linguistico delle giovani generazioni*, in F. Petter, F. Tessari, *Adulti e ragazzi: un rapporto difficile*, La Nuova Italia, Scandicci, pp. 215-30, rist. in De Mauro 1992, pp. 181-94.
De Mauro T., 1992, *L'Italia delle Italie*, nuova edizione, Editori Riuniti, Roma.
De Mauro T., 1994, *Capire le parole*, Laterza, Roma-Bari 1994[1], 1999[2].
De Mauro T., 1995, *Idee per il governo: la scuola*, Laterza, Roma-Bari.

Doxa, 1995, *Indagine sulla lettura di libri in Italia*, Doxa, Milano.
Edwards Z., Gandini L., Forman G., 1993, *The Hundred Languages of Children. The Reggio Emilia Approach to Early Childhood Education*, Ablex, Norwood (N.J.).
Gasperoni G.C., 1996, *Diplomati e istruiti*, Il Mulino, Bologna 1996.
Gasperoni G.C., 1997, *L'esperienza scolastica: scelte, percorsi, giudizi*, in Buzzi-Cavalli-de Lillo 1997, pp. 31-54.
Giscel Piemonte, 1997, *Il difficile alfabeto del libro di scuola*, in Calò-Ferreri 1997, pp. 241-60.
Giscel Veneto-Gruppo di Verona, 1997, *Insospettati luoghi di fraintendimento lessicale*, in Calò-Ferreri 1997, pp. 261-94.
Grassi C., 1983, *Linguaggio e generazioni. Dall'eversione liberatoria al conformismo linguistico e culturale*, inedito (citato in Coveri 1988).
Istat, 1993, *Indagine multiscopo sulle famiglie, anni 1987-91. 7. Letture, mass media e linguaggio*, Istat, Roma.
Istat, 1997, *Mass media, letture e linguaggio. Anno 1995. Indagine multiscopo sulle famiglie «Tempo libero e cultura»*, Istat, Roma.
Lucisano *et al.*, 1995, *La valutazione della prova scritta*, in Corda Costa-Visalberghi 1995, pp. 5 sgg.
Lucisano P., Takala S., 1988, *La misurazione delle abilità di produzione scritta*, «Ricerca educativa», 2-3, pp. 15-34.
Marconi L., Ott M., Pesenti E., Ratti D., Tavella M., 1994, *Lessico elementare. Dati statistici sull'italiano scritto e letto dai bambini delle elementari*, Zanichelli, Bologna.
Ministero Pubblica Istruzione-Censis, 1994, *Righe e quadretti. Competenze linguistiche e matematiche al termine della scuola elementare*, Ministero Pubblica Istruzione, Roma.
Piemontese M.E., 1996, *Capire e farsi capire. Teorie e tecniche della scrittura controllata*, Tecnodid, Napoli.
Piemontese M.E., Cavaliere L., 1997, *Leggibilità e comprensibilità di sussidiari per le scuole elementari*, in Calò-Ferreri 1997, pp. 221-40.
Simone R., 1997, *Per un'educazione linguistica minima anzi minimale*, «Italiano e Oltre», 1, pp. 38-39.
Titone R., 1995, *Il linguaggio degli adolescenti*, in R. Titone (a cura di), *Come parlano gli adolescenti*, Armando, Roma.
Wetter M., 1996, *Tra una e due lingue materne. L'acquisizione del tedesco in bambini italofoni, germanofoni e bilingui*, Bulzoni, Roma.

INDICI

INDICE DEI NOMI

INDICE DEL VOLUME